地方産業集積のダイナミズム

長野県上伊那地域を事例として

粂野 博行 著

同友館

上伊那地域

辰野町

箕輪町

南箕輪村

伊那市

宮田村

駒ヶ根市

飯島町

中川村

諏訪地域

下諏訪町

岡谷市

茅野市

諏訪市

原村

富士見町

まえがき

　筆者が上伊那地域を初めて訪れたのは，渡辺幸男慶應義塾大学経済学部助教授（当時）のゼミナール生としてプロジェクトの調査に同行させていただいた時である。同時期におこなっていた東京都大田区の調査で訪れた企業と比較すると，上伊那地域は技術的に真新しいものがない組立加工をおこなう企業の多い場所に見えた。当時，国内の組立加工部門は海外生産化が進む中で厳しい状況が続いており，特に地方では地域から撤退する大企業が多かった。組立加工中心の企業が多く存在する上伊那地域も，いずれ牽引してきた大企業は地域から撤退するのではないかと考えていたことが記憶に残っている。

　最初の調査から10年後，再び上伊那地域を訪れると様相が変わっていた。組立加工をおこなう企業がほとんど見られなくなっていたのである。その一方で，機械加工をおこなう企業が増え，さらに元気なモノづくり中小企業300社に選ばれるような企業や，特徴的な自社製品を生み出している企業が目に付くようになっていた。また地域内大企業の大半は依然として地域に残って生産を続けていたが，地域内企業への発注はほとんどなくなっていたのである。

　一体，上伊那地域では何が起きているのであろうか？

　この疑問が本書をまとめるきっかけとなった。筆者はこれまでにも上伊那地域を対象とする論稿を何本か発表していたが，それだけでは説明しきれていないという感じが残っていた。同時に上伊那地域内で生じた変化を，一貫した論理で考えることは可能なのか全く分からない状態でもあった。研究を始めた当初，集積に関する議論が盛んにおこなわれ，筆者も集積からの視点で考えることが解決のヒントになると考えていた。その後，ポーターらが産業クラスターという概念を提示すると，集積という視点からの議論は減少することになる。本当に集積論で地域を考えることはできないのか，本書はそのような観点から

iii

地域をとらえようと試みている。

　もう一つは現実に起こっていることから考えるという視点である。地域企業，いわゆる「現場」を調査したうえで，論理を構築しようと試みている。筆者はこれまで様々なプロジェクトに参加し，年間20社程度，企業調査を行う機会に恵まれてきた。それらの調査をふまえ，生じた疑問に対し何らかの回答を得ようと努力してきた。本書はその取りまとめの一つでもある。

　このように本書は上伊那地域の変化を，調査をもとに集積という視点でまとめたものである。できるだけ一貫した論理でまとめようとしたが，十分にできているとは必ずしも言えない。それでも日本の産業構造が大きく変化する中で，常に注目される大都市圏とは異なる地域で，何が生じているのかを分析することは必要であると考え，これまで発表してきた論稿を基にしつつ今回まとめることとした。

〈各章の概要〉

　「序章　日本の中小企業研究における産業集積」では，産業集積・工業集積（以下，産業集積）が中小企業研究で注目され始めてから日が浅く，様々な問題が存在する。問題の一つが類型化分析である。類型化による分析では，長期間の変化が範囲外となることが多く，変化を含めた集積のダイナミズムを改めて考える必要があることを述べている。同時に，類型化分析は大都市圏の集積を中心にした分析・理論化が中心を占め，非大都市圏での集積発展に関しては，今後の研究が必要な分野であることを指摘している。

　「第1章　統計からみた上伊那地域」では，リーサスデータを用いた統計から上伊那地域の産業構造を明らかにしている。当初，上伊那地域は電気部品や電気機械産業に偏っていたが，高度成長期以降，産業や業種を変化させながら今日まで発展し，現在では特定産業や企業に依存していないことが明らかになった。また地域内産業構造に変化が生じており，1990年代後半以降，機械工業の中心は従来の集積地域である伊那市・駒ヶ根市から，諏訪に近い箕輪町，辰野町の方面に中心が移っていることが明示されている。

「第2章　上伊那地域の産業構造 1―1990年代の上伊那」と「第3章　上伊那地域の産業構造 2―2000年以降の上伊那」では，地域の産業構造について年代別に分析している。まず2章では1990年代後半まで，組立機能に偏重した集積つまり「組立型集積」として存在したことを明らかにしている。組立型集積がもたらすメリットの存在が，組立作業を必要とする企業・事業所の進出を促進させ，これまで発展してきたのである。また地域中小企業の技術力は，特定産業向けに蓄積されているのではなく，組立型企業群つまり組立型中小企業集積として技術力を蓄積することで，1990年代後半まで存続しつづけたとしている。

　第3章では2000年以降，特徴的だった組立型中小企業が激減していること，一方で加工型中小企業の台頭がみられることを明らかにしている。高度成長期以降，諏訪地域に生じた生産拡大と操業環境の悪化が，大企業移転と協力企業の上伊那地域への移転を招いていた。その後，諏訪からの労働者が上伊那地域へ移転し，1990年代になると地域内で加工企業として開業していた。このような動きが諏訪寄りの上伊那地域で生じ，加工企業群を叢生させたのである。2000年以降，組立型企業群は激減したが，一部の協力企業には組立部門が残っており，諏訪・上伊那地域は大規模完成品メーカーにとって国内最終生産拠点になっている事を指摘している。

　「第4章　上伊那地域と諏訪地域の一体化」では，諏訪地域と上伊那地域を比較し，2000年年以降，機能面から見るならば，諏訪・岡谷地域と上伊那地域とは産業集積として，一体化しつつあることを明らかにしている。

　「第5章　上伊那地域における集積の形成過程と従来の議論」では，歴史的な資料を基に，戦後の上伊那地域に焦点を当て，集積の形成について検討している。従来の研究には，地域企業がなぜ構造変化に対応できたのか仕組みが明示されていない，変化への対応と集積の関係について説明されていない，などの問題が存在する。また労働集約的な組立作業をおこなってきた上伊那地域の中小企業が，なぜ地域外から需要を獲得できるようになったのか，仕組みと集積との関係を明らかにする必要があることを指摘している。

「第6章　地域内大企業が与えた影響—諏訪地域における大企業と中小企業」では，隣接する諏訪地域に焦点を当て，どのように地域外から需要を獲得するようになったのかについて調査を基に分析している。諏訪地域の中小企業群は，地域内大企業との取引関係を通じて，「アレンジ能力」や「営業−経営統合能力」を取得していた。大企業との密接な関係を前提としながら中小企業が経営活動を維持するためにこのようなノウハウを取得し，蓄積していった結果，地域外から需要を獲得できるようになったことを明らかにしている。

　「終章　上伊那地域集積が示す意味」では，上伊那地域は経済環境変化に対し，様々な要因が関係しながら変化に対応してきたことを踏まえ，上伊那地域のような工業発展のありかたも，集積発展の形態の一つであることを述べている。大都市圏での産業発展の道筋もあれば，上伊那地域のような経路をたどる産業発展も一つの方向といえる。つまり上伊那地域の産業集積の事例は，地方における集積発展の経路を示すものであり，変化への対応は地域集積の持つダイナミズムの現れであることを指摘している。

　なお本論の中に再編成され，組み込まれている筆者の既発表の論稿は，以下のとおりである。

1　粂野博行（1994）「地域活性化と中小企業—長野県上伊那地区を事例として」㈶商工総合研究所『商工金融』第44巻第3号

2　粂野博行（2001）「長野県上伊那地域の工業集積—組立型工業集積の事例として」『地域と社会』大阪商業大学比較地域研究所紀要，第4号

3　粂野博行（2003）「第五章　地方都市型産業集積の変化—長野県諏訪・岡谷地域と上伊那地域」湖中齊・前田啓一編著『産業集積の再生と中小企業』世界思想社，所収

4　粂野博行（2014）「第7章　大手（地元）セットメーカーが与えた影響」岸本太一・粂野博行編著『中小企業の空洞化適応—日本の現場から導き出されたモデル』同友館，所収

5 粂野博行 (2015)「グローバル化時代の地方工業集積—長野県上伊那地域を事例として」㈶商工総合研究所『商工金融』第65巻1号

6 粂野博行 (2019-1)「続・グローバル化時代の地方工業集積」㈶商工総合研究所『商工金融』第69巻第9号

7 粂野博行 (2019-2)「組立型集積の衰退—長野県上伊那地域を事例として」，『大阪商業大学論集』第15巻第15号（第191・192合併号）

2024年3月

粂野 博行

◎目次◎

まえがき　　iii

序章　日本の中小企業研究における産業集積 ························· 1

はじめに　　1

1. 産業集積研究の流れ　　2

2. 日本の集積研究　　4

3. なぜ1990年代から産業集積が取り上げられるようになったのか　　5

4. 産業集積と類型化　　9

5. 2000年以降の経済環境変化と類型化　　15

まとめにかえて　　16

第1章　統計からみた上伊那地域 ······························· 19

はじめに　　19

1. 長野県における上伊那地域　　20

2. 諏訪地域と上伊那地域の産業特性　　22

3. 上伊那地域における機械金属関連産業の変化　　26

まとめにかえて　　37

第2章　上伊那地域の産業構造 1
──1990年代の上伊那 ································· 41

はじめに　　41

1. 1990年代における上伊那地域の工業　　41

2. 上伊那地域企業調査（1993年調査）　　44

まとめにかえて　　67

第3章　上伊那地域の産業構造 2
―2000年以降の上伊那 ························· 75

はじめに　75

1. 2000年以降における上伊那地域の工業　75

2. 上伊那地域企業調査（2015年調査）　76

3. 2000年以降における上伊那地域の産業構造　79

4. 地域内企業の変化　88

まとめにかえて　102

第4章　上伊那地域と諏訪地域の一体化 ························ 105

はじめに　105

1. 日本を取り巻く経済環境の変化　105

2. 「東アジア化」と産業集積の縮小　106

3. 一体化しつつある諏訪地域と上伊那地域　107

まとめにかえて　127

第5章　上伊那地域における
集積の形成過程と従来の議論 ························ 131

はじめに　131

1. 上伊那地域における工業の変遷　131

2. 上伊那地域に関する従来の研究　139

まとめにかえて　147

第5章補論　中央大学経済研究所編
　　　　　　『兼業農家の労働と生活・社会保障』……………153

はじめに　153

まとめにかえて　158

第6章　地域内大企業が与えた影響
　　　　　　——諏訪地域における大企業と中小企業………………………163

はじめに　163

1. 地域内大企業における行動の変化　165

2. 地域内大企業の行動変化と中小企業の能力蓄積　168

3. 地域中小企業における取引関係の変化　175

まとめにかえて　178

終章　上伊那地域集積が示す意味………………………………181

はじめに　181

1. 上伊那地域集積をとらえる視点　181

2. 外部経済環境の変化と集積　184

まとめにかえて　207

参考文献　213

あとがき　223

索引　227

序章

日本の中小企業研究における産業集積

はじめに

　日本の中小企業研究において産業集積・工業集積（以下産業集積とする）が注目されたのは，急激な円高が続き海外生産が本格化し始めた1980年代後半以降である[(1)]。各地域の中小企業が海外生産化の影響を受け始めたことや大量生産方式の限界により，新たな視点として産業集積が注目されるようになったのである。その意味では中小企業研究において集積が本格的に理論化されはじめてそれほどの期間がたっておらず，以下に述べるように様々な問題が存在する。

　本書のテーマである長野県上伊那地域の地域集積であるが，戦後注目されたのは電子部品の「産地」としてであった。その後，この地域は組立をおこなう専属下請の集積地域とされ，近年では試作もおこなうような集積へと変化している[(2)]。つまり上伊那地域は，経済環境の変化に集積そのものを変化させることで対応し，現在まで存続してきたことを示している。このような集積のダイナミズムと呼べるような動きは，特定類型を前提とした機能分析が多い集積研究において論理の射程外であり注目されてこなかった。

　たしかにそれぞれの時期ごとに個別企業を調査し，それを踏まえて地域の産業構造を検討することは重要であり，筆者もこれまでそのような方法をとってきた[(3)]。しかしながら時代通観的に地域の産業構造を考えた場合，この方法だ

---

(1) 植田浩史編（2000）.
(2) 粂野博行（2019）.
(3) 本研究も特定地域に焦点を当てたものである。本来ならば地域研究からの視点も考察の対象とすべきてあろう。しかしながら本研究では「集積」の対象を限定するも

けではとらえきれない部分が出てきたのである。たとえば上伊那地域であれば、「産地」の期間から「専属下請」の期間へと変化することで経済環境の変化に対応してきた。つまり集積自体が変化する「そのこと自体」をどのようにとらえるかである。集積の変化については、個別企業の分析だけでは十分な説明にはならない。結論から言うならば、変化への対応と「集積」の役割についての分析が必要であると考えている。

　本章では、簡単に産業集積研究の流れを踏まえたうえで、中小企業研究における産業集積研究の特徴を述べる(4)。その特徴の一つが類型化による分析である。これらは日本の経済環境変化に伴い、地域の位置づけや現状分析が必要となり類型化がおこなわれるようになった。この類型化による分析は精緻化をもたらしたが、その一方で類型をまたがるような長期的な変化は論理の範囲外となることが多くなった。上伊那地域の事例のように集積の特徴を変えながら変化に対応している地域も存在し、それらを含めた集積のダイナミズムを改めて考える必要があることを指摘する。

1. 産業集積研究の流れ

　「産業集積」という概念は、マーシャルにより『経済学原理』で述べられてから、様々な方面で取り上げられてきた。また同時期にはウェーバーも集積について考察している。経済地理学において集積に関する多くの研究が存在するものの、中小企業研究においては1990年代になるまで活発な議論がおこなわれてきたとはいえない。次項でみるように、日本の中小企業研究の独自性や産業集積が注目されるようになった「きっかけ」と関係があると考えられる。ここでは中小企業研究という視点から産業集積の議論を検討したい。以下、マーシャルの議論を簡単に紹介したうえで、それ以降の流れを説明する。

のとして「地域」という言葉を使用している。
(4) 本章は粂野博行（2023）を基に、加筆修正したものである。

（1）マーシャルの議論

　マーシャルは『経済学原理』の第10章で，産業集積について次のように述べている。「同一の熟練職種に従事する人々が相互に近隣から得ることのできる利益は，それほど大である。その職種の秘密はもはや秘密ではなくなり，いわば空気のようなものとなり，子供たちは無意識のうちにそれらの多くのものを学ぶ。よい仕事は正しく評価され，機械，工程および事業の一般的な組織における発明と改善は，その長短が立ちどころに論議され，一人が新たな考察を始めると，他の人々によって取り上げられ，それらの人の考えと結合され，そのようにしてさらに新たな考案の源泉となる。また間もなく補助産業がその近隣に成長し，道具や原料を供給し，輸送を組織し，多くのし方で原料の節約に貢献するようになる。」[5]

　マーシャルの集積論は抽象的で必ずしも体系立てて述べられているわけではない。しかしながら自由な解釈の余地を多分に含んだ表現を中心に展開されており，それゆえに質的で計量化が困難な多様な概念を導出することが可能になっている[6]。また「新しいアイディアを生みだす素地」についての指摘からは，技術革新を柱とした動態的視点を見出すことができる[7]。近年の産業集積の議論でマーシャルが多く言及される理由は，こうした点によるものである。ピオレ-セイブルらが理論の前提として使用したり，クルーグマンによる再解釈により脚光を浴びるまで，マーシャルの集積論は用いられることは少なかったと考えられる[8]。

（2）大量生産方式の限界と新たな視点の模索

　1980年代になると，アメリカなど先進資本主義諸国において大量生産方式の行き詰まりが顕著になり始める。この頃ピオレ-セイブルらによる『第二の

（5）A.マーシャル（1985）.
（6）ここではマーシャルの議論そのものの評価をすることを目的としていない。
（7）松原宏（1999）.
（8）伊藤喜栄（2000）.

産業分水嶺』など，大量生産方式以降の次なる生産方式が模索され始めた[9]。そのキーワードの一つが「柔軟な専門化」と呼ばれる概念である。大量生産をおこなう地域に代わり，多品種少量生産を新たな技術でこなす中小企業が中心となる地域が台頭するととらえ，「第三のイタリア」やシリコンバレー，長野県の坂城町を取り上げていた[10]。

その後，クルーグマンによって産業集積地域の再認識がおこなわれた[11]。市場メカニズムが作用すれば産業部門は特定地域に集中・集積することが必然であり，このような特定産業部門に特化した地域が存在するからこそ，地域間の取引が存在するとされたのである[12]。これはマーシャルのいう特定産業集積概念とも考えられ，マーシャルの集積論について再認識がおこなわれるきっかけとなった。

またポーターは「競争優位」という概念を打ち出し，競争力の源泉は地域に存在する生産に係る様々な工程やサービス，それらを取りまとめる組織や企業群であるという「産業クラスター」という概念を打ち出した[13]。産業クラスターと産業集積との違いは明確になっていないが，クルーグマンやポーターにより注目されることで，マーシャルの産業集積の議論は，様々な視点を提供することになった。しかしながらこれらの議論の登場は，必ずしも集積論理の精緻化，発展を促したとは言い難い状況をもたらした[14]。

2. 日本の集積研究

産業集積に関する議論が，日本の中小企業研究で取り上げられるようになったのは，1980年代以降におこなわれた大都市の工業集積に関する研究あたり

---

(9) M.ピオレ/C・セイブル（1993）.
(10) 長野県坂城町の産業集積については粂野（1998）を参照のこと。
(11) P.クルーグマン（1994）.
(12) 山本健兒（2005）.
(13) M.ポーター（1995）.
(14) 植田編（2000）.

からである。これ以前にも地域の集積に関する研究は存在したが，そこで取り上げられたのは，地場産業や地域からの視点であり，地域内の中小企業全体ではなかった[15]。しかしながら1990年代になり，クルーグマンやピオレ-セイブルらがグローバル化と産業集積について議論するようになると，様々な分野で産業集積が注目されるようになり，日本でも1990年代以降，産業集積についての議論が増えてきたのである。

　たとえば日本の中小企業研究の代表的な文献である『日本の中小企業研究』における産業集積の扱われ方を見てみよう。1985年に出された最初の『日本の中小企業研究　第1巻　成果と課題』では「13　中小企業と地域経済・社会」と「21　零細企業」の2つの章で，産業集積が取り上げられている。これが2003年に出された『日本の中小企業研究1990～1999　第1巻　成果と課題』になると，8つの章で産業集積が取り上げられている。

　このように中小企業研究の分野では，1990年代以降，産業集積を取り上げた議論が多くみられるようになる。

3. なぜ1990年代から産業集積が取り上げられるようになったのか[16]

　産業集積が取り上げられるようになった要因として次の4点を指摘したい。第一に1980年代後半から急激に進んだ「海外生産化の進展」，いわゆる「空洞化」問題と地域産業への影響である。第二に前項で述べた「大量生産方式の限界と新たな視点の模索」，そして第三にこれらの影響を受けた「日本における中小企業政策の変化」，第四に「日本における中小企業研究の独自性」である。もちろんこれ以外の様々な論点は存在するが，以下では先に述べた「大量生産方式の限界と新たな視点の模索」を除く3項目について述べる。

---

(15)　植田編（2000）.
(16)　2000年以降，産業集積に関する議論は少なくなってきている。その問題については稿を改めて論じたい。

（1）海外生産化の進展（「空洞化」問題）と地域産業への影響

　日本では1970年代以降，円高が進行していたが，1985年のプラザ合意以降，急激な円高が進み，国内の輸出関連産業が打撃を受けた。その後も円高に歯止めがかからず，国内大企業の分工場が海外移転し始めたのである。これらの工場は高度成長期に誘致企業として地方都市に移転されたものが多い[17]。当然，それに伴いこれらを需要の中核としていた地域も打撃を受けた。いわゆる「空洞化」問題である。このような地域が日本各地で見られ，中小企業に対する政策が変化していったのである。

（2）日本における中小企業政策の変化

　このような急激な円高が輸出関連中小企業者に深刻な影響を与えたことがきっかけとなって中小企業政策が変化してゆく[18]。つまりこの時期以降「中小企業政策においては業種ではなく地域に焦点をあて，域内中小企業に特別の施策を講じるという形の政策が現れた」のである。1978年に「特定不況地域中小企業対策臨時措置法（城下町法）」，1979年には「産地中小企業対策臨時措置法（産地法）」が制定される[19]。

　1980年代中頃以降になると，さらに円高は加速し中小企業対策を含む「総合経済対策」が決定される。それが1986年の「特定地域中小企業対策臨時措置法」（特定地域法）であり，「特定地域の中小業者が新たな経済環境への適応事業を行うことに対して支援助成を行っていくこと等を通じて特定地域の安定化を図るというもの」であった[20]。つまり「経済の構造転換が求められるに当たり，限られた政策資源を緊急避難よりも事業転換や新分野進出に支援の光を

---

(17) たとえば筆者が研究対象としている地域の一つである長野県諏訪・岡谷地域では，地域の中核企業であるエプソンは1968年に香港へ，そして1974年にはシンガポールへと進出している。
(18) 中田哲雄編（2013）.
(19) これらの施行以前は「地域にむけて行われた施策はほとんど存在しなかった」のである。中田編，前掲書，p.801.
(20) 中田編，前掲書，p.850.

当てるということ」である[21]。

　これらの政策により一定の成果が確認できたと政策担当者に把握され，さらに1990年代の経済構造の変化や，集積に関する議論の高まりをうけて，「特定中小企業集積の活性化に関する臨時措置法」（中小企業集積活性化法）が1992年に制定される。その後，急速に進んだ国内企業の海外進出により，国内の「基盤的技術産業集積」や「産地」の崩壊が懸念されることになる。そして，これらへの施策を盛り込んだ「特定産業集積の活性化に関する臨時措置法」（新集積活性化法）へと移行した[22]。

　このように円高の進展に伴う経済環境変化と産業集積に関する（海外での）新たな研究の高まりが，中小企業政策に変化をもたらした要因の一つであると考えられる[23]。そしてこのことはまた，日本の中小企業研究にも影響を与えたのである。

（3）日本における中小企業研究の独自性

1）研究上の独自性

　中小企業を企業一般ではなく「中小企業」として研究する根拠について，瀧澤菊太郎は「経済社会の発展の中で，中小企業を他の概念と区別して認識する必要性が一般化し，中小企業が研究対象としての意義を持つに至ったことにある」としている[24]。また瀧澤は中小企業に対する認識のタイプを，中小企業に生じる問題に着目した「問題型中小企業認識論」と，中小企業が果たしうる貢献に着目した「貢献型中小企業認識論」の二つに分けている[25]。そして日本において「高度成長期までは，中小企業の研究では中小企業問題研究がメインで

---

(21) 中田編，前掲書，p.852.

(22) 中田編，前掲書，p.863.

(23) 1997年版『通商白書』における産業集積地域の着目はクルーグマンを下敷きに，そして産業クラスター計画はポーターの影響を受けている。山本健兒（2005）を参照。

(24) 瀧澤菊太郎編（1985）.

(25) 小林靖雄・瀧澤菊太郎編（1996）.

あった」といわれている[26]。そこでは問題を明らかにするために様々な調査や現状分析が重視され[27]，中小企業だけでなく地域における産業などが対象となった。そこでは，その時代の産業の特質や集積を類型化し，政策へと結びつけられることが多かったといえる。つまり「今ある問題」を解決するために現状（その時代の）分析が必要とされ，そのために集積や特質の類型化がおこなわれたと考えられる。

また前項で見てきたように，1970年代中頃まで日本の中小企業政策は対症療法的なもの，つまり緊急避難的な政策が多かった。それが高度成長期を経て，中小企業自身の成長・拡大がもたらされると，中小企業政策は事業転換や新分野進出への手助けとなるようなものへと方向転換された。つまり日本経済の発展とともに中小企業政策も変化し，そのツールとして産業集積の概念が使用されることになったのである。しかしながらそのスタイルは実証研究中心であり，1990年代後半になってようやく産業集積そのものに対する研究が現れ始めたのである[28]。

2) 対象としての独自性

集積に関する議論にはマーシャル以外にも，主要なものとしてはウェーバーの論理がある。しかしながら先に見てきたように中小企業研究においてはマーシャルおよびその流れをくむ議論が中心となっている。それはウェーバーの論理が，産業（企業）立地の諸条件の考察に力点を置いたものであるからである[29]。ウェーバーの論理において立地は自由に設置することができ，企業を「これから」立地させるための条件に焦点を当てたものと考えることができる。つまり立地から企業行動や地域を考えるものととらえることができる。

ところが中小企業においては，大企業と異なり企業立地に関しては選択の余

---

(26) 植田（2004）.
(27) たとえば企業診断や産地診断などである。
(28) 岡本義行（2003）.
(29) 隅谷三喜男（1998）.

地が少ないことが多い。また起業や創業に関しても地域とのかかわりが多い中小企業を研究対象とする場合，おのずと当該地域に存在していることを前提に考えることが中心となる。つまり当該地域に立地していることを前提に産業地域形成の諸条件を分析することが必要となる。この点においても中小企業研究においては，立地を自由に設定できるウェーバーの論理より，当該地域での要因を加味できるマーシャルの論理を援用することが多くなったと考えられる。

4. 産業集積と類型化

　ここでは集積の類型化の例として，中小企業白書のケースと，渡辺幸男，関満博の議論を取り上げる。この二名を取り上げる理由は，中小企業分野だけでなく経済地理や地域経済の分野でも取り上げられることが多く[30]，日本の産業集積を考えるうえで，影響が大きいと考えられるからである。そして近年，類型化を使用し産業集積を検討してきた湖中齊を，また地域という視点から長野県上伊那地域を取り上げる。

(1) 中小企業白書における類型化

　前述したように，対応すべき「問題」から出発することの多かった日本の中小企業研究において，よく見られる方法の一つが集積の「類型化」である。様々な論者や行政がそれぞれの目的に応じて類型化を用いて地域の集積の位置づけや仕組みを分析されている。しかしながら類型化は論者によって異なり，明確に規定されたものではない。

　たとえば中小企業白書においても出版年度において違いがみられる。2000年度版『中小企業白書』では，「第2章　活性化する創業・経営革新」において取り上げられている。そこでは「「集積」が「創業」を促進する機能を持つことを‥‥分析していく」（p.267）とされ，そして（2）集積の諸類型で，①産

---

(30) 松原宏（1999）など。

地型集積，②企業城下町型集積，③都市型集積，④進出工場型集積，⑤広域ネットワーク型集積，⑥産学連携・支援施設型集積，の6つに分けて「創業を促進する機能を分析する」としている（p.268）。つまり2000年度版中小企業白書では，創業という観点から集積が注目され，その分析のために集積の類型化がおこなわれている[31]（p.268）。

しかしながら同じ白書でも2006年版では「第4章 産業の国際化による経営環境の変化と地域産業集積」で取り上げられている。そこでは「各地域における企業の競争優位を獲得するために産業集積が現在も持つ機能的な何か，それをどのように活用してゆくか」（p.135）という視点から分析されている。そして①企業城下町型集積，②産地型集積，③都市型複合集積，④誘致型複合集積の4つに分類され，類型ごとの変化を見ているのである。

このように近年の『中小企業白書』では，集積そのものについての検討はあまりおこなわれていない[32]。またこの2つのケースをみてわかるように，各年度において，活用する目的のために取り上げる集積の類型も変化させている。

（2）渡辺幸男の地域類型化

渡辺は，『日本機械工業の社会的分業構造』のなかで，下請制研究において議論の混乱を招いている原因の一つに，各論者がそれぞれ特定の分業構造を前提に議論していることを指摘し，「位置づけるべき社会的分業構造の全体像がないがゆえに」生じたことであるとする。渡辺は「下請制を語るうえで，いま必要なのは，概観的であろうと，日本の機械工業の社会的分業の構造的全体像を示すことである」[33]とし，これまでされてきた国内調査や詳細な統計分析を前提に，日本の機械工業の社会的分業構造を描いた。

また渡辺は1990年代の日本の機械工業の地域的存立状況を，需要の多様性，

(31) 中小企業庁編（2000）『中小企業白書 平成12年版』.
(32) 『中小企業白書』における産業集積論の論理的枠組については，渡辺幸男（2011）「『中小企業白書』に見る産業集積論把握の論理的枠組み」を参照.
(33) 渡辺幸男（1997），pp.41-42.

一般的立地条件および生産体制の違いから，「大都市圏の旧来からの工業集積内立地，特定巨大企業を中心とする企業城下町型工業集積内立地，中核的巨大企業主導ではない地方工業集積内立地，大中工場の農村部における分工場および農村納屋工場，および工業集積外に分散立地している企業の工場」の5つに類型化し説明している[34]。

　この類型を基に，大都市圏工業集積と地方工業集積の多くは関係を持ち，広域機械工業圏として一体性を強めていることが指摘されている。その一方で，孤立分散立地が可能な量産工場や自己完結型の機械工場が，広域機械工業圏外に存立しているとしている

　このように渡辺は，調査や統計資料を踏まえ集積内の分業構造のしくみや集積間の競争の在り方，集積の範囲などを明確化し，（当時の）日本国内における機械工業の社会的分業の構造を明らかにした。しかしながらこれらの前提は日本の1980年代から1990年代後半までの分業構造を示すものであると考えられる。また大都市集積を中心に集積圏が形成され，その中に各地方都市集積が位置付けられており，このことが後の集積研究にも大きな影響を与えることとなった。

（3）関満博の集積類型化[35]

　関は，1990年代までの日本の産業構造は，一国内にほとんどすべての産業分野を一定レベルで保有するだけでなく，それら産業や企業の生産的・機能的な側面においても，フルセットで保有するという「フルセット型産業構造」であったとされる。そして企業活動の「機能的」側面を，新製品開発機能，研究開発機能などの「プロトタイプ創出機能」と，「確立された技術，設備による成熟商品の量産」の機能に二分化し，近代工業化のプロセスは「確立された技術，設備による成熟商品の量産」から「プロトタイプ創出機能」への流れであ

---

(34) 渡辺，前掲書，p.189.
(35) 関満博（1993）『フルセット型産業構造を超えて』中公新書.

るとしている。

　そしてこのことを「地域」という視点から見ると，日本の近代工業化が進められた時期においては，海外から導入された大型の技術や設備の多くは地方圏に投入され，企業城下町を形成する一方，それ以外の地方圏では原材料基盤等を背景とする地場産業が広く展開した。これら地方圏での産業は外貨獲得のための担い手として機能していたことが指摘されている。地方圏で稼いで，それを東京圏に投入し，「プロトタイプ創出機能」を自前で持つことが日本の工業化の発展スタイルであるとされる。

　このように国内の工業地域を「大都市圏工業」と「地方圏工業」との2類型に分類し，地方圏から大都市圏へという一方向を向いた体系が，日本の近代工業化の基本的なところで形成されてきたとし，地方圏の「量産機能」と大都市圏の「プロトタイプ創出機能」とが両輪となって日本産業の「フルセット型構造」が形成されたとしている。

　『フルセット型産業構造を超えて』の「はじめに」で関は，「「フルセット型産業構造」の時代は終焉した」とし，「次の時代は明らかに「アジアとの新たなネットワーク形成」が予感」されるとしている。そのために「日本産業の「技術の集積構造」」と中国とのリンケージが必要であることを念頭に置き，この「フルセット型産業構造」を描いている。つまり産業構造が一国内に完結していた状態から，東アジア地域での分業構造へと変化する中で，集積間関係を再構築するために考えられたモデルであり，単に地域の産業構造の変化を表したものではないことを考える必要があろう。

（4）湖中齊の集積類型化

　湖中は東大阪地域の集積を分析するにあたり，「「都市型産業集積」の概念を念頭に置きながら」集積の類型をしている。具体的に述べると「産業の集積特性による類似性と異質性を基準にしてグループ化されることが多く，‥‥地場産業型集積（産地型集積），企業城下町型集積，工場団地型集積と都市型産業

集積の四つのタイプが挙げられる」とする[36]。

　この類型化は一般的に使用されてきたものといえる。しかしながら疑問を抱かせる点は，「東大阪地域（大阪市の東部，東大阪市・八尾市）に機械金属の加工業を中心とする中小企業が高度に集中して立地したことから新しいタイプの都市型の産業集積が形成されてきた」[37]としている点である。よく知られているように東大阪市周辺には伸線業や鋲螺業など地場産業といわれる企業がいまでも多く存在する。そして湖中が本文中で取り上げている「活力ある企業」（新しいタイプの企業）には地場産業に区分される企業が多くみられる。確かに都市の類型としてみるならば東大阪地域は大都市である。しかしながらその区分と企業の位置づけが矛盾するケースがみられるのである[38]。

　このようなことが生じた原因は，先に取り上げた集積の類型にある。都市であることと，地場産業がそこに存立していることは矛盾しない。しかしながらこの類型では，都市型集積と地場産業型集積とが区分され，そのうえで地場産業の特徴を今でも残している東大阪地域を，都市型集積として焦点を当てているため，先のような問題点が生じたものと考えられる。

(5) 上伊那地域集積の類型化

　類型化は比較的よく使用されるが，前項（4）湖中のところで指摘したように問題が無いわけではない。たとえば筆者がこれまで研究対象として取り組んできた長野県上伊那地域[39]の集積について長期的に検討する場合などである。以下では代表的な研究者の分析をもとに述べてみよう。

　三井逸友は，1970年代の上伊那地域について，「第一の特徴は，4社の大手・中堅企業と，大多数を占める20人以下規模企業，という規模別構成をも」

---

(36) 湖中齊（2009），p.7.

(37) 湖中，前掲書，序，p.5.

(38) 湖中，前掲書，pp.109-110.

(39) 長野県上伊那地域は長野県の南信地域にある，伊那市，駒ヶ根市，辰野町，箕輪町，飯島町，南箕輪村，中川村，宮田村の2市，5町村を指している。

ち，「中小企業の大多数は，先の4社のもとで，部分加工，組立などを担当する下請企業であり，ここに「タテ系列構造」の「ピラミッド」が形成されている」こと，「第二の特徴は，こうした生産力構造が大手・中堅部品メーカーに主導され，編成されてきたため，電子部品工業に携わる中小企業間の「横の関係」が弱い点」であること，「第三に，……電子部品工業という産業が，電子機器工業という最終製品のレベルにまで結びついて地域内にあるのではなく，あくまで部品の生産・供給地という役割に留まっている」ことを指摘している。そして「こうした特徴は，全国的にも稀な，電子部品の「産地」という形態」を，この地に与えたとされている。その意味するところは，労働集約的工業において，豊富・低廉な労働力を得られるという「労働指向」立地および，多数の下請企業が一地域内に集中立地することにより，社会的分業が高度に発展し，生産の規模ならびに生産性を大きくしていくという意味での「集積の利益」の発揮であるとしている[40]。

池田正孝は，1980年代の日本製造業における生産構造の特徴を，独占的大企業を頂点としてその傘下に分工場，子会社，系列会社，有力下請組立工場，さらに小零細下請企業群，その下には家内工業，内職層などを含むピラミッド型の階層構造にあるとしている。上伊那地域の電子・電気部品工業においてもピラミッド型の階層構造が存在し，それらが効率の良い生産システムであることを指摘し，上伊那地域においては組立アッセンブリーに特化した専属的下請企業が広範にみられる地域であることを指摘している[41]。

このように上伊那地域は，1960年代から1970年代中頃までは電子部品の産地として，1970年代後半から1990年代まで専属下請の集積地として，そして筆者らが見ていた2000年前後は組立型企業の集積地としての特徴を持つ地域であるといわれていた[42]。

以上のことから，上伊那地域は長期的に見た場合，一つの特定類型の集積地

---

(40) 三井逸友（1981）.
(41) 池田正孝（1982）など。
(42) 粂野（2001）.

14

域としてみることはできないということがわかる。つまり集積は変化し[43]，したがって該当する類型も変化する。類型化には成立している時期，期間が存在するといえ，同じ地域を分析したとしても，状況や時期が違えば異なる類型となる場合が存在する。このような類型化が変化した地域は，外部環境の変化に対応した結果ともいえ，集積には地域として変動に対応する可能性もあることが見て取れる。

5. 2000年以降の経済環境変化と類型化

（1）海外生産化の進展と類型化

1990年代後半以降，国内産業において海外生産化が急激に進展していった。このような状況が変化するなかで，産業集積の分析においては，依然として大都市を中心とした類型化を基準としているものが多い[44]。確かに前述した渡辺や関の影響が大きいこともある[45]。しかしながら先に述べたように，関は「フルセット型の生産構造」の終焉を述べており[46]，渡辺は『日本機械工業の社会的分業構造』の第4章において，日本の機械工業の特色として国内完結型の産業構造を指摘し，第14章では社会的分業構造の変化の方向性として「東アジア化」を提示している。つまり両者とも国内完結型の生産構造はすでに終焉を迎えていることを前提にしていたといえる。

そのうえで東アジア地域内での産業構造を前提として，両者は国内集積を描いていた。しかしながら「大田区のような」大都市を中心とした集積が技術レ

---

(43) 岡本義行（2005）．
(44) たとえば鎌倉健（2002）など。
(45) 遠山浩（2022）「産業集積とファミリービジネスへのガバナンスとアントレプレナー創出」では関の技術の集積構造のふまえ議論を展開されている。ただしこの論文では本文中の引用個所について「関1992」と表示しているが，指定されているページから推測すると関（1993）と思われる。
(46) タイトルは『フルセット型生産構造を超えて』である。

ベルも高く優れたものであり⁽⁴⁷⁾，他の集積もそれを目指す方向に動く必要があると考える者も少なからず存在したのである⁽⁴⁸⁾。

まとめにかえて

（1）類型化がもたらすメリット

　日本の中小企業研究において産業集積は現状分析が中心におこなわれ，類型化や地域比較が進められてきた。類型化による現状分析は様々なメリットをもたらした。第一に集積地域内における分業構造分析の精緻化である。その結果，地域内の企業間取引関係やネットワークの存在を明らかにすることができた。第二に地域の持つ競争力やその源泉について，その仕組みや内容，企業を含めたプレーヤーを明らかにしたことである。第三に類型間で比較することで，それぞれの地域の特徴を明確化できたことである。第四に類型化がおこなわれることで地域間の関係についても見ることができるようになった，などの点であろう。

（2）類型化がもつ課題

　前述したように類型化は，論者やグループによって解明する目的に応じて設定されることが多く，特定の目的・課題を説明するための類型であることが多い。したがって類型化は必ずしも汎用的なものではなく，使用する場合は注意が必要であるといえよう。

　また問題点として，4（5）上伊那地域集積の類型化で述べたように，時間

---

(47) ここで取り上げた湖中の『都市型産業集積の新展開』の第五章は「都市型産業集積の特性」で，その2節は「東大阪市と大田区の比較」である。

(48) 渡辺が論稿の中で「オオタナイゼーション」という言葉を用いて「大田区化」を述べていた時期もある。「需要を発生させる企業がなくなった後，地域企業はどのようにするか考える必要がある」（筆者）ということであったが，渡辺の意図するところとは別に「大田区のような集積（ネットワークを駆使して地域外受注をおこなう）を目指せ」と考える人もいたようである。

的な制約が存在することを挙げることができる⁽⁴⁹⁾。つまり類型化は，それがお
こなわれた当時の環境のもとでの類型化であり，大きな経済変動が生じた場合
は再類型化が必要と考えられる。同時に時間的制約は，類型をまたがるような
長期的な変化を，論理の範囲外とする可能性もある。上伊那地域のように集積
によっては類型上の位置づけが変わるような変化も存在する⁽⁵⁰⁾。経済環境変化
に対応した結果，集積そのものが変化しているのである。このこと自体は，集
積の持つフレキシビリティやダイナミズムといった集積メリットの一部でもあ
る。つまり集積の持つダイナミズムを考えた場合，類型化はどのような意味を
持つのか再検討が必要だと思われる。

　そして大都市集積を中心とした類型化が（現在でも）議論の中心にあるとい
う点も問題であると考えられる⁽⁵¹⁾。確かに国内生産を前提に考えた場合，大都
市部で発生する需要の重要性は否定できない。しかしながら日本国内には大都
市部以外でも，独自に存立している地域が数多く存在する。たとえば福山地
域⁽⁵²⁾や燕三条地域であり，今回取り上げた上伊那地域（諏訪・上伊那地域）
などである。これらの存在をどう説明するのか。少なくともいえることは，大
都市型集積だけが東アジアにおける分業構造再編のなかで生き残る道を示して
いるわけではないということである。

---

(49)　張楓（2021）.

(50)　今回取り上げた長野県上伊那地域だけでなく大阪府堺市周辺の自転車産地なども
　　　類型上の位置づけが変わるような変化をしていると考えられる。この大阪府堺市周辺
　　　の自転車産業集積の変化に関しては粂野（2009）を参照されたい。

(51)　注45で取り上げている遠山（2022）では「都市部の産業集積と地方の産業集積
　　　とは個別にイノベーションクラスター形成を目指すのではなく，都市部と地方が一体
　　　となったイノベーションクラスターを目指すのが適当ではないか。すなわち，地方の
　　　企業城下町型（企業誘致・進出型）産業集積は都市部でモノづくりをおこなっている
　　　中小製造業との協業が望まれる。」（p.69）とし，地方独自の集積ではなく，大都市型
　　　集積との連携を目指すべきとされている。

(52)　張（2021）.

第1章

統計からみた上伊那地域

はじめに

　本章では上伊那地域における産業の概況について「地域経済分析システム（RESAS：リーサス）」[1]の統計データ[2]をもとに見ることにする。以下では上伊那地域と諏訪地域を取り上げ，製造品出荷額，事業所数，従業者数の推移を比較し，製造業上位5業種による地域の特徴を概観する[3]。

---

(1)　本書で使用する「地域経済分析システム（RESAS：リーサス）」とは，「地方創生の様々な取り組みを情報面から支援するために，経済産業省と内閣官房デジタル田園都市国家構想実現会議事務局が提供」（https://resas.go.jp/#/13/13101，2023年5月28日閲覧）しているデータサービスである。

(2)　製造業を検討する際の統計について，『工業統計調査』などがあるにもかかわらず，リーサスデータを使用しているのか説明しておこう。本書の場合，特定地域の変化をある程度の期間，検討することが必要となってくる。一方，統計の基準となる日本標準産業分類は1993年，2002年，2007年に改訂がおこなわれている。たとえば工業統計調査の場合，この日本標準産業分類に基づいておこなわれており，正確には長期間連続して検討することが難しいという問題が生じる。特に本書の検討対象である電気機械器具製造業や電子部品・デバイス・電子回路製造業などの産業が，地域を検討する際に重要なポイントとなる。しかしながら上記の改訂では，これらの産業分類において項目だけではなく，取り上げる業種の変更を含めて改定がなされている。したがって個人でそれぞれの産業をさかのぼって集計することは困難である。しかしながらリーサスの場合，改定前のデータも改定後の基準に合わせて修正している（2023年3月6日に内閣官房ビックデータチームに確認済み）ため，取り上げられている期間（1986年から2019年）までのデータについては「それなりの」一貫性があると考えたからである。

(3)　この章で取り上げるデータは地域ごとの上位5業種となっている。したがって取り上げられる産業は地域ごとに異なっていることに留意されたい。

1. 長野県における上伊那地域

(1) 製造品出荷額

　まず図表1-1より製造品出荷額にもとに，長野県上位4地域について2019年までの推移を見てみたい。ここからわかるように松本地域が他の3地域に比べて高くなっている。この傾向は近年になっても変わっておらず，松本地域が県内の産業地域として中核となっていることがわかる。また本書が主たる対象としている上伊那地域は，この松本地域の半分程度であることも読み取れる。

図表1-1　製造品出荷額

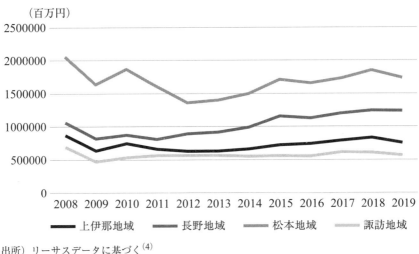

出所）リーサスデータに基づく(4)

---

(4)　この章のデータはリーサスデータに基づいている。その加工方法は，次のとおりである。リーサスのサイト（https://resas.go.jp/#/20/20209）から産業構造マップを選択し，「製造業の構造—市町村」のデータをダウンロードし，該当年と該当市町村のデータを抜き出して再集計し使用している。リーサスでは出典として「経済産業省「工業統計調査」再編加工，総務省・経済産業省「経済センサス—活動調査」再編加工，総務省「住民基本台帳に基づく人口，人口動態及び世帯数調査」」が記載されている。ただし注記として「従業者数4人以上の事業所が集計対象」となっている。したがって他章の統計と比較するときは注意が必要である。

(2) 事業所数[5]

　続いて図表1-2より事業所数の推移を見てみよう。事業所数においては長野地域が一貫して高いこと，製造品出荷額では1/2に近かった諏訪地域が第二位であることがわかる。製造品出荷額が高かった松本地域は諏訪地域と同じ規模であること，上伊那地域は一貫して少ないことが読み取れる。

図表1-2　事業所数

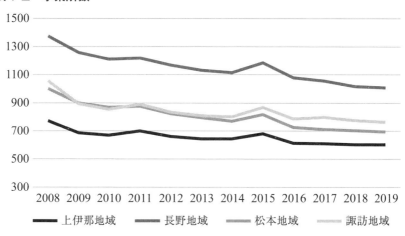

出所）図表1-1と同じ

(3) 従業者数

　最後に図表1-3より従業者数を見てみよう。ここでは長野地域と松本地域が一貫して高く，諏訪地域と上伊那地域の1.5倍ほどであることがわかる。また諏訪地域と上伊那地域はほぼ同じレベルで推移していることが読み取れる。

　これらのことから松本地域は製造品出荷額と従業者数が高いものの事業所数はそれほど多くなく，大規模事業所が多いことが予見される。逆に製造品出荷

---

(5) 注4でも述べたが，リーサスのデータは4人以上の事業所が対象であることに注意が必要であり，実際の数値よりも低く現れている可能性がある。

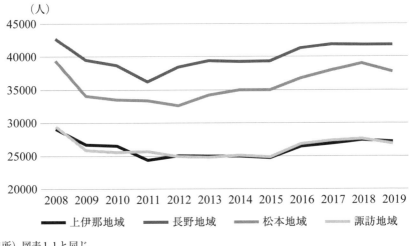

出所）図表1-1と同じ

　額が約1/2でありながら松本地域よりも事業所数が多く従業者数の少ない諏訪地域は，小規模事業所が多いことが予想される。上伊那地域は，製造品出荷額や事業所数の変動は松本地域と同様な動きを示しているが，2017年以降の事業所数と従業者数においては松本地域より減少数が少なく安定していることが読み取れる。

2. 諏訪地域と上伊那地域の産業特性

（1）諏訪地域

　諏訪市，岡谷市，茅野市，諏訪郡下諏訪町，富士見町，原村の3市2町1村からなる諏訪地域は，県内でも有数の工業地域として知られている。

　図表1-4より上位5業種の推移を見てみると，一貫して電子部品・デバイス・電子回路製造業（以下，電子部品）がこの地域の中心産業であることがわかる。次いで変動はあるものの生産用機械器具製造業（以下，生産用機械）とはん用機械器具製造業（以下，はん用機械）が地域の主力産業として存在して

図表1-4　諏訪地域 上位5業種 製造品出荷額

出所）図表1-1と同じ

いる。そして金属製品製造業（以下，金属製品），非鉄金属製造業（以下，非鉄金属）となっている。このように諏訪地域は機械金属産業が中核となっており，それらに関連する産業も幅広く存在していることが読み取れる。

　つづいて図表1-5より，従業者数と事業所数を見てみよう。この図からわかることは，地域の中心産業である電子部品において従業者数が多く，一方で事業所数が相対的に低くなっており，当該産業では大企業が中心となっていることがわかる。そしてそれ以外の産業においては従業者数に比べて事業所数が多く，中小企業の占める割合が高い産業であることがうかがえる。

　このように諏訪地域は，機械金属関連産業を中心としている地域であるが，大規模化の進んだ電子部品やはん用機械などの産業と，中小企業の占める割合が高い生産用機械や金属製品なども多く存在し，産業的にも質的にも幅広い機械金属関連産業が存在している地域といえる。

図表1-5　諏訪地域 上位5業種 従業者数・事業所数（2019年）

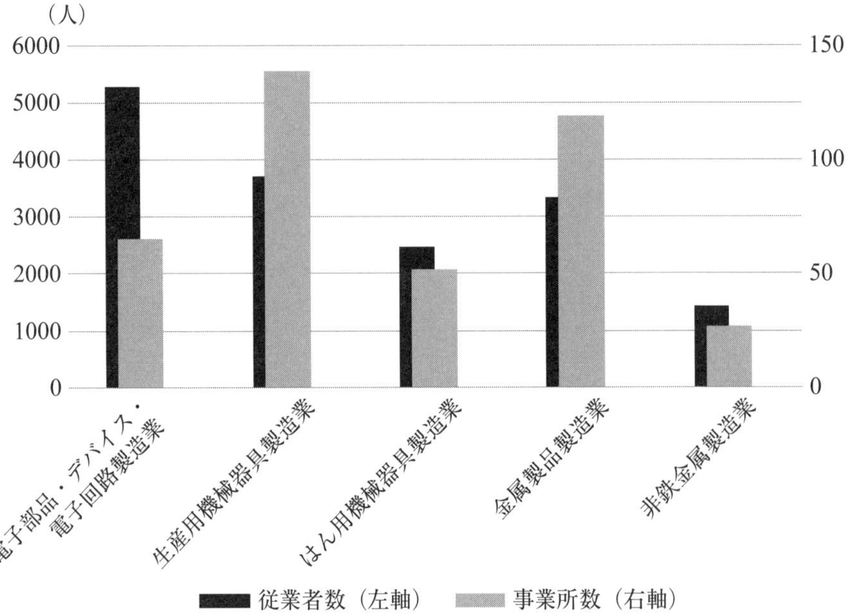

（人）

| | 従業者数（左軸） | 事業所数（右軸） |

出所）図表1-1と同じ

（2）上伊那地域

　地理的に見ると上伊那地域は，北は松本地域，東は諏訪地域に隣接している。これら県内でも有数の産業地域に隣接していることも，この地域の産業発展に大きな影響を与えてきたと考えられる。上伊那地域に関する詳細な分析は次項でおこなうが，ここでは同じ資料を用いて上伊那地域を簡単に紹介したい。

　図表1-6より上伊那地域の製造品出荷額の推移をみてみよう。この地域も電子部品の比率が高く2018年まで他の産業の2倍近い値を示していた。2019年に入り減少したものの地域の中核産業であることは間違いないといえる。はん用機械や輸送用機械器具製造業（以下，輸送用機械），生産用機械などが，変化しながらも一定程度占めている。また食料品製造業（以下，食料品）なども

図表1-6　上伊那地域 上位5業種 製造品出荷額

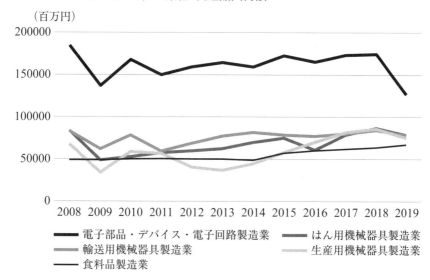

出所）図表1-1と同じ

一定で推移しており，諏訪と比較すると機械産業に特化しているわけではない
ところも特徴といえよう。

　図表1-7から従業者数と事業所数を見ると，電子部品とはん用機械において
事業所数の割合よりも従業者数が高くなっており，企業規模の大きな企業の比
率が高い傾向がみられる。一方，輸送用機械，生産用機械，食料品においては
事業所数の比率が高く，中小企業の占める割合が高いことがうかがえる。

　このように上伊那地域は，大規模企業の比率が高い電子部品やはん用機械を
中心として，中小企業の占める割合が高い生産用機械などの機械金属関連産業
が多く存在している地域といえる。同時に長野県の特徴でもある食料品産業な
どが，一定の比率を保っている点も特徴といえよう。

図表 1-7　上伊那地域従業者数・事業所数（2019 年）

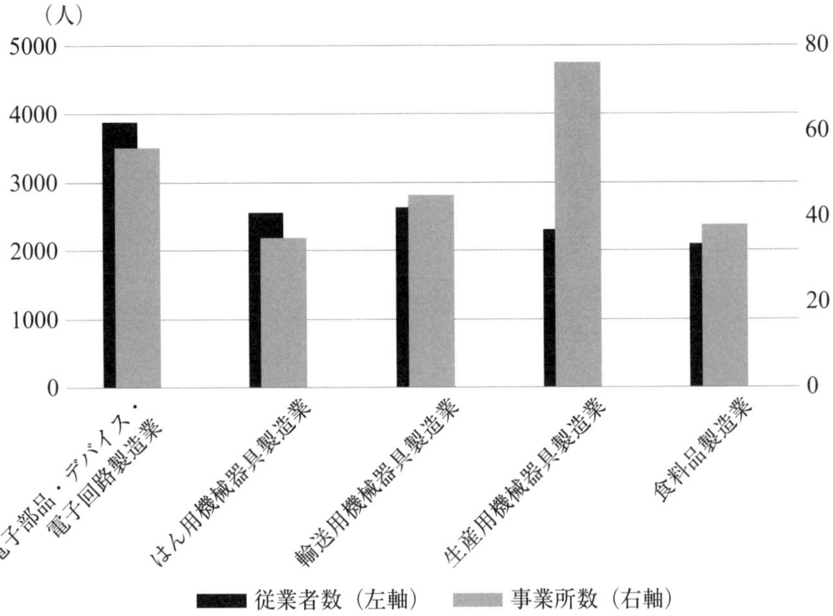

（人）

■ 従業者数（左軸）　　　■ 事業所数（右軸）

出所）図表 1-1 と同じ

3. 上伊那地域における機械金属関連産業の変化

　ここでは上伊那地域の中心産業である機械金属関連産業の変化を詳しく見てみたい。その際，より詳細に分析するため機械金属関連産業のなかでも地域との関連の深い上位 8 業種を選択し検討することにする[6]。ただし後述するよう

---

(6) ここでは 2019 年の製造品出荷額を基に上位 8 業種（電子部品・デバイス・電子回路製造業，輸送用機械器具製造業，生産用機械器具製造業，はん用機械器具製造業，金属製品製造業，業務用機械器具製造業，電気機械器具製造業，情報通信機械器具製造業）を選択している。したがって産業によっては選択されていないものもあり，地域別，時期別に検討する際，注意が必要である。たとえば前項で上伊那地域を紹介する際，情報通信の項目は取り上げていなかった。それは 2019 年時点で情報通信は上位 5 業種に含まれなかったからである。このことはこの地域における産業の変化が激

に地域内の産業構造においては主役の産業が交代するなど，大きな変動が生じている。ここでは変化の内容をより詳しく見るため製造品出荷額に基づき，1986年から2004年までを前期，2004年から2019年までを後期とし，地域産業の変化を2つの期間に分割して考察する。また対象として，製造品出荷額，事業所数，従業者数，市町村別に焦点を当て検討する。

（1）製造品出荷額

1）1986年から2004年まで（前期）

図表1-8から機械金属関連産業8業種を合計した製造品出荷額全体の推移を見てみよう。1986年から増加し2004年にピークを迎えている。2004年には1986年の1.5倍ほどに増加しており，地域産業が拡大していた期間と考えられる。これを8業種別に見たものが図表1-9である。

この時期，図表1-8より全体を見ると一貫して増加している傾向であった。

図表1-8　製造品出荷額

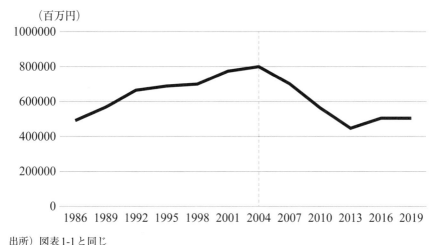

（百万円）

出所）図表1-1と同じ

しかったことを示すものといえる。

図表 1-9　業種別出荷額

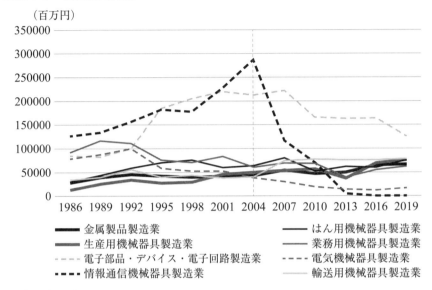

（百万円）

出所）図表 1-1 と同じ

しかしながら産業別にみると単純ではないことがわかる。図表 1-9 では，額が大きく地域への影響が強いと考えられるのが，情報通信と電子部品であることが読み取れる。

まず情報通信であるが 1998 年あたりに停滞傾向がみられるものの，2004 年まで一貫して増加しており地域の中心産業であることがわかる。もう一つの中核である電子部品は，1992 年まで他の産業と同じレベルであったが，同年以降急激に増加し 1998 年には情報通信を上回る。そして 2001 年以降 2007 年まで横ばいで推移している。また 1986 年時には電子部品と同等の規模であった業務用機械，電気機械は，1992 年まで情報通信に次ぐレベルを維持していたが，これ以降この 2 つの産業は減少した。2004 年においてこの 2 業種は情報通信の 1/3 のレベルまで減少している。このように上伊那地域においてこの時期，情報通信と電子部品の 2 つの産業が地域をけん引していたことがわかる。

2) 2004年から2019年まで（後期）

再び図表1-8に戻って2004年以降における製造品出荷額の動きを見ると，2013年まで減少し，その後，若干は上昇しているものの1990年代の力強さは見られない。

図表1-9より業種別に確認すると，地域の中核産業である情報通信は2004年から急激に減少し，2013年には2004年の1/10になっている。またもう一つの核である電子部品も2013年には2/3に減少している。つまりこの時期，地域を支えてきた主力産業の大半が減少したといえる。ただし電子部品は2010年以降この状態で推移し，地域の中核となっている。このような中で若干ではあるが増加しているのが輸送用機械，金属製品である。またこの時期に横ばいで推移しているものが，はん用機械，業務用機械，生産用機械である。主力であった情報通信が急激に減少するなかで，下げ止まった電子部品とこれら5つの産業が2013年以降，結果的ではあるが，地域の中心産業となってゆくのである。

このように2004年以降，上伊那地域では主力産業の大幅な減少を伴いながらも，輸送用機械，金属製品，はん用機械，業務用機械，生産用機械の5つの産業が下支えしていることがわかる。つまり情報通信産業と電子部品を中心とした形から，電子部品と輸送用機械やはん用機械など，機械加工が中心となる5つの産業へと軸足を移していたといえる。この時期，上伊那地域は情報通信の急激な減少に伴い，地域内では産業構造が大きく変化していたことが読み取れる。

（2）事業所数

1) 1986年から2004年まで（前期）

つぎに事業所数の変化を見てみよう。図表1-10から事業所数の推移を見ると1992年まで約800で推移していた。それ以降減少し2019年には1986年の半分である400にまで減少している。減少の仕方であるが1992年まで800前後で推移したものが2001年に600，さらに2010年には400近くにまで減少し

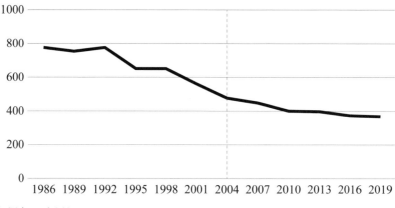

出所）図表1-1と同じ

ている。つまり1992年以降，10年ごとに200ずつ減少したのである。もとの数が800であったことを考えると，10年ごとに1/4ずつ減少したことになる。

　これを図表1-11より業種別にみると，1986年当初には業務用機械，電子部品，電気機械の順で多く，これらで全体の2/3を占めていたことがわかる。その後，これらは一時的な変動も含みながら減少を続けている。これと同様に減少しているのが，情報通信である。また1986年時に情報通信と同じ規模で存在していた金属製品であるが若干減少しながら2019年まで推移し，近年では地域の中核産業となっている。出荷額等において地域の中心を占めていた情報通信をみると1989年から減少しており，同様に地域の中核である電気機械では1992年，電子部品では1995年と，産業ごと異なる時期に減少していることがわかる。

2）2004年から2019年まで（後期）

　製造品出荷額でみたようにこの時期，地域内では大きな変化が生じていた。2004年以降における業種別事業所数の変化について図表1-11より見てみると，前期と同様に情報通信，電子部品，電気機械が全体の中でも減少の度合い

図表1-11　業種別事業所数

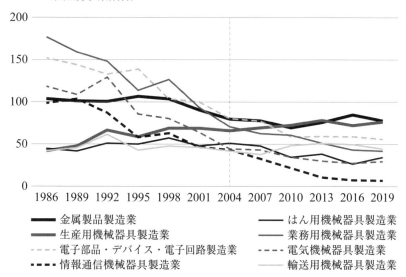

出所）図表1-1と同じ

が強く出ている。そのなかで金属製品や輸送用機械，生産用機械が若干ではあるが上昇しており，情報通信などの減少をカバーしていることがわかる。このように情報通信や電子部品など1986年ごろまで中心であった産業が減少する中で，機械金属の中でも金属製品や生産用機械など加工を中心とする産業が，安定して存在していることがわかる[7]。

（3）従業者数

1）1986年から2004年まで（前期）

　図表1-12より従業者数全体の変化を見てみると，若干の上下変動はあるものの25,000〜20,000人前後を推移しており，製造品出荷額や事業所数の変化

---

[7]　もう一つの中核産業であった電子部品であるが製造品出荷額と動きと連動しておらず，2010年まで減少していることにも注意が必要であろう。

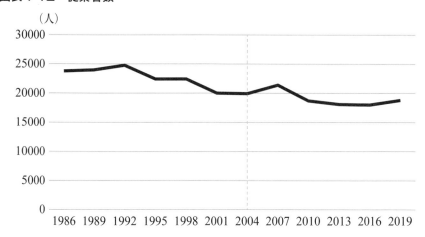

図表1-12　従業者数

（人）

出所）図表1-1と同じ

と比べると安定しているようにみえる。しかしながら図表1-13より産業別に
見てみると，製造品出荷額と同様に激しい変化が起きていることがわかる。

　まず1986年当初は，電子部品，業務用機械，情報通信，電気機械が中心で
あり，これらの産業で7割強を占めていた。なかでも電子部品は変動している
ものの2004年まではほぼ横ばいで推移し，その後も一貫して地域の中心産業
であり続けている。その一方で，1986年時の中心であった業務用機械，情報
通信，電気機械は2004年まで減少している。1986年時はそれほど大きな比率
を占めていなかった金属製品，輸送用機械，はん用機械などは，その後も横ば
いで推移している。またこの時期，緩やかであるが上昇しているのが生産用機
械である。つまりこの時期，従業員数の最も多い電子部品は横ばいで推移し，
減少傾向の見られる情報通信，業務用機械などとあわせて地域の中核となって
いた。また金属製品，輸送用機械，はん用機械，生産用機械などは，1986年
当初，3割弱であったが，その後も横ばいで推移し，地域を下支えしていたこ
とがわかる。

図表 1-13　業種別従業者数

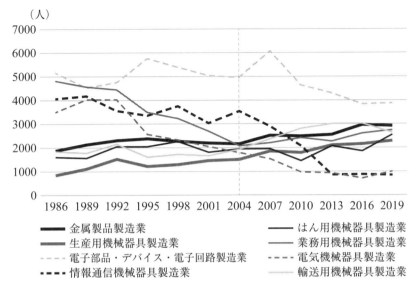

出所) 図表 1-1 と同じ

2) 2004年から2019年まで（後期）

　後期になっても従業者数においては，全体を通してみると急激な変化はみられない。しかし前述したように，地域内では大きな変化が生じていた。それらは従業者数にどのような影響を及ぼしたのか，図表1-13より産業ごとに見てみたい。

　まず目につくのは中核産業である情報通信の減少が激しい点である。2004年に3,600だったものが2013年には1,000を切っており，1/4まで減少している。電子部品も減少しているが情報通信ほどではなく，1割程度減少している。数は小さいが電気機械も半分近く減少しており，電子部品を除き，それまで中核として地域を支えていた産業が，従業者数でも大きく変化していることがわかる[8]。このような中で伸びているのが事業所数も増加していた輸送用機械，

(8)　ただし電子部品において2004年から2007年まで一旦増加していることに注意が

金属製品であり，生産用機械である。横ばいの業務用機械も含め，2004年以降，機械加工工程の多いこれらの産業が，地域を支えている事がわかる。

（4）地域別，市町村別

このように地域の中で大きく産業構造が変化していたことが確認できた。ここではこのような変化が，どの地域で生じてきたのか市町村別に，製造品出荷額，事業所数，従業者数それぞれの変化をみることにする。

1）市町村別製造品出荷額

①1986〜2004年まで（前期）

図表1-14から市町村別に出荷額等の変化をみると，前期は2003年あたりまで伊那市を中心に推移しており，そのピークは1995年である。同年以降は箕輪町が増加しているが，2001年から2004年までは辰野町が急激に増加している。しかし辰野町はその後，急激に減少し，この増加が一時的なものであったことがわかる。つまり2004年までの前期においては伊那市を中心に箕輪町，辰野町，駒ヶ根市が地域産業を構成していたことが読み取れる。

②2004〜2019年まで（後期）

後期（2004〜2019年）になると，伊那市，辰野町とも減少に転じ，変動はあるものの箕輪町が2019年まで横ばいに推移している。前期に中心であった伊那市は減少を続け，2013年にはピークの1/3にまで減少している。ただしその後2019年まで若干増加する傾向がみられる。同様に駒ヶ根市や辰野町も2013年あたりまで減少しているもののその後微増している。このように2010年以降，箕輪町が地域の中核となり，伊那市，駒ヶ根市，辰野町が続いている状態である。

必要である。

図表 1-14　市町村別製造品出荷額

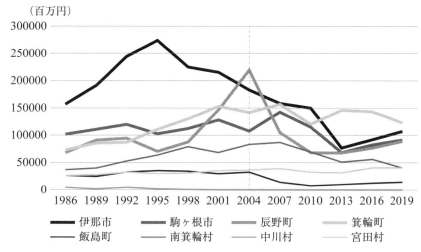

出所）図表 1-1 と同じ

2）市町村別事業所数

①1986〜2004 年まで（前期）

次に事業所数であるが，図表 1-15 をみると，前期においては製造品出荷額と同様に 2000 年あたりまで伊那市を中心とし，箕輪町，辰野町，駒ヶ根市が続いていたことがわかる。そして 1992 年以降，ほぼすべての地域で減少しているが，伊那市の減少がほかの地域に比べて激しくなっている。つまりこの時期の事業所数は，1992 年まで基本的に伊那市を中心に拡大してきたが，それ以降はすべての地域で減少している。そのなかで 2001 年からは箕輪町が事業所数においてトップとなっている。

②2004〜2019 年まで（後期）

事業所数の全体的な推移でみたように，2019 年には 1986 年の半分にまで減少していた。したがってこの時期は全般的に減少傾向であり，箕輪町，駒ヶ根市が下げ止まっている以外は微減傾向となっており，2010 年以降は大きな変

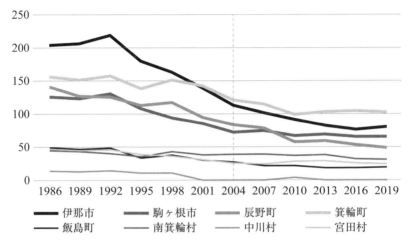

図表 1-15　市町村別事業所数

凡例：
■ 伊那市　　■ 駒ヶ根市　　■ 辰野町　　■ 箕輪町
■ 飯島町　　■ 南箕輪村　　■ 中川村　　■ 宮田村

出所）図表1-1と同じ

化が見られない。

3）市町村別従業者数

①1986〜2004年まで（前期）

　図表1-16より従業者数の変化を見ると，前期においては伊那市が中心となっているが，1992年以降，減少傾向にあることがわかる。1986年から微増ではあるが箕輪町が増加し2001年からは伊那市とほぼ同数となっている。その他の地域は2004年まで，横ばいか微減傾向であり大きな動きは見られない。

②2004〜2019年まで（後期）

　後期になると，地域ごとに変動が見られる。前期において中心だった伊那市は依然として減少傾向に歯止めがかからない。そのなかで駒ヶ根市が2004年から増加し，箕輪町と同じレベルにまで増加している。他の地域も若干の変動があるものの，ほぼ横ばいで推移していることが読み取れる。

　このように市町村別にみると，前期は伊那市を中心として存立していたが，

図表1-16　市町村別従業者数

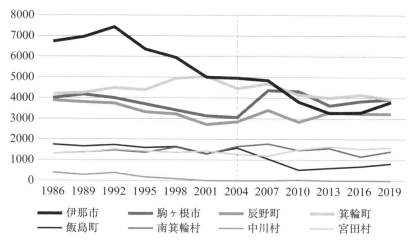

凡例：
■ 伊那市　　　 駒ヶ根市　　　 辰野町　　　 箕輪町
飯島町　　　 南箕輪村　　　 中川村　　　 宮田村

出所）図表1-1と同じ

2004年以降，箕輪町や駒ヶ根市，辰野町といった周辺地域が，結果的にではあるが，地域産業をけん引するようになってきていることがわかる。

まとめにかえて

　これまで見てきたように上伊那地域は，長野県内において有数の工業地域といえる。しかしながらその内容をみると，特定の産業や企業に依存するものではなく，産業や業種を変化させながら今日まで発展してきたことがわかる。この時期，国内経済をみると2008年にはリーマンショックが，そして2011年には東日本大震災が生じていた。しかしながら上伊那地域全体の変化を見ると，2004年以降2013年まで減少傾向がみられるものの急激な変化を伴ったものではない。それは製造品出荷額だけでなく事業所数や従業者数においても同様である。

　このように上伊那地域はリーマンショックや震災そのものの影響よりも，事業転換や国内経済の影響の方が強く現れていると考えられる。以下では出荷額

のピークである2004年を一つの画期としてとらえ，この前後での変化を考察
する。

（1）1986年から2004年（前期）における上伊那地域の工業

　この時期の出荷額をみると地域全体が増加傾向にあり，1986年から2004年
の間で1.5倍に増加していた。業種別にみると期間を通して情報通信と電子部
品の比率が高く，地域での出荷額をみた場合，伊那市を中心として箕輪町，辰
野町の比率が高かった。つまり前期においては，伊那市，箕輪町，辰野町にあ
る情報通信と電子部品が地域をけん引していたことが読み取れる。従業者数を
みると情報通信の減少は比較的緩やかであり，最も多い電子部品は横ばいで推
移していた。このように伊那市，箕輪町，辰野町にある情報通信と電子部品関
連の大企業は，従業員数を維持しながら2004年まで出荷額を増加させていた
ことがわかる。

　しかしながら事業所数をみると，従業者数よりも減少の度合いが高く出てい
た。特に中核産業であった情報通信は，1989年という早い時期から事業所数
は減少していた。それに次ぐ電気機械や電子部品においても，その後時期は異
なるが減少傾向が見られるようになったのである。このように伊那市や箕輪
町，辰野町にある情報通信と電子部品の大企業は，従業者数を維持し出荷額を
増加させる一方で，1980年代後半には事業所数の減少を伴う動き，つまり地
域内の分業構造を縮小させつつあった[9] ことが読み取れる。

（2）2004年以降における上伊那地域の工業

　2004年以降の出荷額をみると，中核であった情報通信が急激に減少し，そ
れに次ぐ電子部品も緩やかに減少していた。その一方，輸送用機械，金属製
品，はん用機械，業務用機械，生産用機械は大きな変化もなく横ばいで推移し

---

(9) 地域内大企業へおこなったヒアリング調査では，地域内への発注部分を縮小させ
　ている話を伺った（1993年のヒアリング調査に基づく）。

ていた。従業者数も同様の動きをしており，結果として上伊那地域の中心産業は，情報通信から，電子部品や輸送用機械，金属製品など機械加工が中心となる5つの産業へと軸足を移していたことがわかる[10]。

　事業所数の減少は前期と同様，従業者数の減少よりも高く出ているが，2010年以降，下げ止まりの傾向がみられる。前期から続いていた地域内大企業の海外移転や生産内容の変化に伴う地域内分業構造の変化が，ひと段落した可能性も見て取れる。

（3）地域内分業構造の変化

　上伊那地域では2004年が製造品出荷額のピークであったが，この時期の事業所数をみると，すでに現在の状況とほぼ同じぐらいまで減少していた。つまり上伊那地域では事業所数を減少させながら出荷額のピークを迎えたことになる。ここから考えられることの一つは，地域内大企業における生産内容の変化[11]とそれに伴う生産分業構造の変化である。

　先に見たように従業者数は1995年以降2万人前後で大きな変化なく推移しているのに対して，事業所数は2010年まで減少していた。このことは地域内大企業における生産内容の変化とそれに伴う生産分業構造の変化が生じた結果，下請企業の減少という形になったことを示唆している。

　第2章以降で詳述するが，この地域は高度成長期に組立加工をおこなう下請企業が叢生していた。特に伊那市を中心とする地域に多く存在し，図表1-15で見たように1992年まで伊那市の事業所数は他地域よりも多く現れていたの

---

(10)　生産用機械の事例であるが「日本電産サンキョーが産業用ロボットの新工場を長野県伊那市に建設することが・・・明らかになった。投資額は五十億円規模に上り，二〇〇七年春の稼働に向け八十人の新規雇用を予定する。」2006年2月15日，日本経済新聞。

(11)　「オリンパスはデジタルカメラの生産体制を再編する。デジカメ関連の国内三工場のうち，来年三月をめどに部品工場の大町事業所（長野県大町市）と坂城事業所（同坂城町）を閉鎖し，辰野事業場（同辰野町）に生産を集約する。」2005年5月11日，日本経済新聞。

である。これら下請企業の作業内容は手作業部分が多く，産業転換が比較的おこないやすかったため，1990年代まで比較的多く存在していた。しかしながら筆者がおこなった2015年調査[12]では，これらの組立型中小企業群は軒並み減少しており，地域内での中小企業群の変化が生じていることが確認できた[13]。

　一方，2004年以降，情報通信や電子部品も減少するなかで，輸送用機械，金属製品，はん用機械，業務用機械，生産用機械は横ばいで推移していた。これらに属する企業群は，図表2-15でみると伊那市から諏訪に近い，箕輪町，辰野町の方面に多く存在していることがわかる。またこの地域に存在する企業は機械加工を中心とする企業が多く，第3章で述べるように現在では地域を支える企業群となっていたのである。

　このように上伊那地域において，地域をけん引する産業は安定して存在していたのではなく変化していたこと，それらの変化は地域内の分業構造の変化を伴うものであったことがわかる。そして製造業の中心は伊那市から箕輪町や辰野町，駒ヶ根市といった周辺地域へと移っていったことが統計結果から読みとれる。

---

(12) ここで使用している調査記録は，調査をおこなった年度でわけている。本書で使用しているものは，基本的には1993年調査，2015年調査の2つである。
(13) 第3章を参照のこと。

第2章

上伊那地域の産業構造 1
—1990年代の上伊那

はじめに

　本章[1]では上伊那地域が1990年代後半まで，組立機能に偏重した中小企業が多く存在する地域集積，つまり「組立型集積」として存在したことを明らかにする。また組立をおこなう企業は「組立型企業群」として存在し，これらは集積のメリットとして，組立作業を必要とする企業・事業所の進出を促進させ，1990年代後半まで組立型集積を維持・発展させてきたことを述べる。以下では1990年代における上伊那地域の集積について，1993年から1999年の間におこなった企業調査をもとに検討する[2]。なおここで使用する統計データ等は参考のため，執筆当時のものを使用しており，本文中の産業分類についても当時のものを使用しているので注意されたい[3]。

1. 1990年代における上伊那地域の工業

（1）上伊那地域工業の状況

　1990年代における上伊那地域の工業であるが，1999年における上伊那地域

---

(1) 本章は粂野博行（2001）をもとに加筆修正したものである。
(2) 上伊那地域の研究に関しては，戦後から多くのものが存在するが，それらについては第5章で詳述されている。
(3) 本章では工業統計調査を主として使用している。しかしながら日本標準産業分類の数度にわたる変更や工業統計調査の廃止により，使用するためには大幅な修正が必要となっている。ここでは当時の状況も踏まえ，状況を把握してもらうため参考として論文作成時の統計資料を使用している。なお本書全体を通しての統計資料については第1章を参照されたい。

の製造品出荷額等を見ると（図表2-1参照），電気機械器具製造業（以下，電機）が52.3%，ついで一般機械器具製造業（以下，機械）14.0%，精密機械器具製造業（以下，精密）7.4%，輸送用機械器具製造業（以下，輸送）5.0%となっている。図表2-2より従業者数を見ると，電機37.3%，機械14.9%，精密10.3%，輸送6.4%となっており，電機工業の比重が高いことがわかる。次に図表2-3より事業所数を見ると，電機20.5%，機械16.5%，精密13.3%と，事業所数でも電機の比率が高いことがわかる。このように上伊那地域においては電機関連産業が中心的な役割をしていることがわかる。

次に図表2-4より機械金属関連の事業所について企業規模を見てみよう。機械金属関連[4]の事業所は1218あり，そのうち20人以下の小規模事業所が1010で8割以上を占めている。つまり上伊那にある機械金属関連の事業所の大半が20人以下の小規模事業所であることがわかる[5]。製造品出荷額が高かった電機では，375事業あるうち20人以下の事業所が281であるから，電機関連の事業所の3/4が小規模事業所であることがわかる。ただし9人以下の事業所は，それぞれ一般237，電機232，精密では200事業所存在していることも特徴といえよう。

一方，300人以上の企業も18社以上存在しており，地域工業の中心的な役割を担う大企業の存在が見てとれる。これらの半分である9事業所が電機に属しており，ここからも電機関連産業が地域の中核として存在していることが確認できる。

---

(4) 本章で機械金属工業という場合，この時期の産業分類（日本標準産業分類（平成5年10月改定））の項目に従っている。ここでは中分類番号28の金属製品製造業，29の一般機械製造業，30の電気機械器具製造業，31の輸送用機械製造業，32の精密器具製造業の5業種を合わせたものを機械金属工業としている。したがって，時期によっては他章の統計と分類が異なっていることがあるので注意されたい。

(5) ここで使用している統計資料は，長野県がおこなっている『工業統計調査結果報告書』各年版である。その資料では「本県では裾切り調査を補完するため，国と同内容の調査を県単独で実施しており，毎年従業者3人以下の事業所も含む，全事業所を対象に調査を行っている」としている。長野県総務部情報統計課（1993）『平成5年工業統計調査報告書』，p.70.

図表2-1　上伊那地域　製造品出荷額等（1999年）

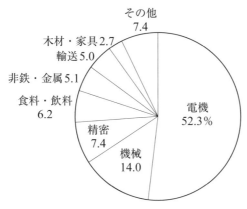

出所）長野県上伊那地方事務所商工課HP，「上伊那の工業」より

図表2-2　上伊那地域　従業者数（1999年）

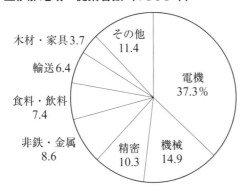

出所）図表2-1と同じ

43

図表2-3 上伊那地域 事業所数（1999年）

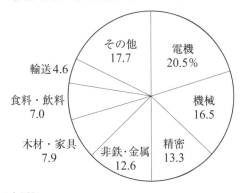

出所）図表2-1と同じ

図表2-4 上伊那地域機械金属工業従業者規模別事業所数（1998年）

従業者規模	中分類業種					5業種計	構成比（%）
	金属製品	一般機械	電気機械	輸送用機械	精密機械		
9人以下	148	237	232	56	200	873	71.7
10～19人	23	32	49	8	25	137	11.2
20～29人	12	14	29	4	12	71	5.8
30～299人	19	21	56	10	13	119	9.8
300人以上	1	4	9	1	3	18	1.5
計	203	308	375	79	253	1218	
構成比（%）	16.7	25.3	30.8	6.5	20.8		

注）上伊那地域は，上伊那市，駒ヶ根市，上伊那郡である。
出所）長野県企画局情報政策課『平成10年　工業統計調査結果報告書』より筆者作成

2. 上伊那地域企業調査（1993年調査）[6]

（1）調査の方法

　長野県上伊那地域に立地する機械金属工業関連の企業に対し聞き取り調査を

（6）この調査は，㈶全国下請企業振興協会（当時）と㈶機械振興協会経済研究所，㈶中小企業研究センターより機会を与えられておこなったものである。しかし本稿は著者独自の見解であり，その責任はすべて著者にある。なおこの調査については他章との関係から，1997年の補足調査を含め「1993年調査」とする。

おこなった。これらの調査企業は，長野県中小企業振興公社，伊那商工会議所，中小企業研究センターの紹介に基づきおこなったものである。

　まず1993年8月から9月にかけて29社に対し調査をおこなった。その後，1997年の9月に前回調査企業のうち日程調整のついた10社に追調査をおこなうと同時に，新たに紹介を受けた企業1社に調査をおこなった。さらに1999年には追調査1社と伊那市の企業1社について新規に調査をおこなうことができた。1993年におこなった調査のうち，長野県中小企業振興公社からの紹介企業については筆者を含む3名で訪問し，残りの紹介企業および追調査については筆者がおこなったものである。なお追調査の時点で倒産していた企業が1社あったが，基本的に1993年の調査内容から大きな変化は見られなかった。

　調査時間は2時間弱であり，企業の回答者は，その企業の代表者あるいはそれに準ずる立場の者であった。質問事項は事前に用意し，それを中心に聞き取り調査をおこなった。質問事項は，企業の沿革，従業員数，製品内容，加工内容，受注・発注関係である。

（2）調査対象企業の概要

　今回調査をおこなった企業について，従業者規模別，業種分類別，業態別，第一位納入先依存度といった点から整理する。ただしデータは対象企業が最も多い1993年時点のものを使用している。なぜならば1993年におこなった調査と1997年におこなった追調査では大きな違いが見られず，地域の状況を見るためには調査企業事例が最も多い1993年が適切であると考えたからである。

1）従業者規模別分布

　今回の調査対象企業の従業者規模別分布（図表2-5参照）を見ると，対象企業のうち約半分近くが30人以下の事業所であることがわかる。これと上伊那地域機械金属工業従業者規模別事業所数（図表2-4）とを比較すると，今回の調査が上伊那地域において多数を占める9名以下の企業への調査が少ないこと，地域内では相対的に規模の大きな30～299人規模の企業への調査が多く

図表2-5　1993年度調査企業　従業者規模別分布

従業者規模	事例数	構成比（%）
9人以下	9	29.0
10〜19人	5	16.1
20〜29人	3	9.7
30〜299人	12	38.7
300人以上	2	6.5
計	31	

注）従業者にパートタイマーを含む。
出所）筆者作成

なっていること，また地域の核になる300人以上の大企業についても調査をおこなえたことなどが読み取れる。以上のことから今回の調査においては対象企業に限定があることを考慮する必要がある。

　また一覧表である付表2-1により全体をみると，自社製品を持ち，主たる製品としている企業が3社あることがわかる。これらは上伊那地域を代表する電子部品メーカーおよびコンピューター周辺機器メーカーであり特別な事例といえる。さらに大手企業の子会社，生産工場を除くと，今回の調査においては23社，8割弱が広い意味での下請企業と考えられる[7]。

2）中分類業種別・業態別分布

　図表2-6から調査企業の中分類業種別分布を見ると，電気機械が全体の3分の2を占めており偏りがみられる。これは企業選定の段階で電子・通信部品関連のリストから選んだためであり当然の結果といえる。しかし実際に調査してみると複数の業種にまたがる製品も多く，分類に疑問を感じる製品もあった。たとえば，カメラ内部に入るPC板の組立作業などは，電子部品の組立である

（7）ただし1997年の追調査では売上に占める割合が小さいものの，自社製品を持つ企業が増えていた。また設計能力という点から見ると，ユニット受注をふくめて23社中4社あり，単純に下請だけおこなっているわけではない点に留意する必要がある（付表2-1参照）。なお本章では下請企業を，発注側企業の仕様に応じて，特定の加工・組立を受注する企業と広く捉えている。

図表2-6　1993年度調査企業　中分類業種別・業態別分布

中分類業種	業態				事例数
	組立	機械加工	その他加工	自社製品	
金属製品					
一般機械			1		1
電気機械	11	2	3	3	19
輸送用機械	2	1			3
精密機械	5	1			6
計	18	4	4	3	29

注1）業種・業態にまたがる企業については，主たる業種・業態に分類した。
注2）その他加工には皮膜蒸着も含む。
出所）図表2-5と同じ

にもかかわらず，最終製品による分類により精密機械に分けられるのである。

　このように業種別分類は，当該企業が扱っている製品の最終製品分野を示しているに過ぎず，実際の作業内容を正確に表していないことに注意する必要がある。特に組立加工企業が多く存在する上伊那地域の場合，後述するIT電産の事例のように，業態としてみると同じ組立加工に属する作業をおこなっていたとしても，取引先が電機に属する企業から輸送関連企業へと転換したために，中分類ベースでは輸送に分類されることになる。

　以上のことから上伊那地域工業の特質を考える場合，電機や精密という業種別分類よりも機械加工や組立加工という業態別分類で捉えることが重要だと思われる。このことを踏まえて業態別分布を見ると，業種にかかわらず組立加工が18社で6割強を占めている。一方，機械加工については4社で1割強であり，1990年代においても上伊那地域では組立加工の比率が高い地域であることが読み取れる。

3）第一位納入先依存度と業態別分布

　次に取引先との受発注関係を調べるために，納入先依存度をみる。図表2-7から分かることは100％専属取引をおこなっている企業が8社，全体の1/4強，存在しているということである。また依存度が30％以下の企業がほとんど存在しないということも上伊那地域の特徴といえる。この2点からわかることは，

付表2-1 1993年 上伊那地域調査企業一覧

所在地	企業名	従業者数 （名）	製品内容
伊那市	KOA	1500	抵抗器メーカー
	ルビコン	2000	電解コンデンサ・メーカー
	RJ社	120	PC周辺機器メーカー
	A社	144	セガファミコン・自社製品あり
	HT電子	200	マイクロモータ
	KE電資	50	PC板
	GT電機	17	抵抗部品・自社製品あり
	IN光器	54	レンズ組立・腕時計の枠加工
	TB電子	5	PC板組立
	TM社	21	ワイヤー・ハーネス部分
	HS電機	230	カメラ（普及品）・ビデオカメラ
	IT電産	15	ワイヤー・ハーネス
	MS工業	4	輸送機用部品（マルヤス）
	ST社	10	FD組立（エプソン）
	NT製作所	20	可変抵抗器（帝国通信）
	SM製作所	6	カメラの組立
	T電子製作所	9	抵抗器部品・エレメント
	M社	34	バネ製造
駒ヶ根市	MN精機	60	マイクロモータ（VTR・FD用）
	KS電機	8	NECパソコン
	NS技研	100	PC板組立・自社製品
	HY製作所	6	HD試作品加工（日本電産）
	I電子	100	厚膜電子部品の開発・製造
箕輪町	MW電子	13	PC板組立・カメラ組立
	TS製作所	2	コピー機部品
辰野町	EK電子	25	PC板組立
	HS工業	7	レンズ検査・部品検査
	TW社	7	クランク・シャフト加工
	YJ製作所	12	カメラの組立
中川村	NK精密	30	マイクロモータ・避雷機
南箕輪村	U精密	32	顕微鏡・内視鏡（オリンパス）

注1）基本的に1993年度調査に基づく。注分類業種および企業類型は主たる製品加工に基づいて分類している。取引先は当時のものである。

注2）灰色で示されている企業は，1997年および1999年に調査した企業である。

出所）筆者作成

加工内容	中分類業種	特徴	企業類型
自動機生産・24時間体制	電気機械	企業内海外分業	1
自動機生産・24時間体制	電気機械	企業内海外分業	1
組立工場・一部設計	電気機械	量産手組立，組立下請使用	2・8
組立工場・設計部門あり	電気機械	量産手組立，組立下請使用	7・8
組立工場・手組立	電気機械	三協精機100％子会社	1
PC加工工場	電気機械	外注使用	3
炭素皮膜蒸	電気機械	電気部品製造，量生産	3・8
手組立，研磨，検査	精密機械	量産品加工（1995年に倒産）	7
基板へ部品挿入，ハンダ付け	電気機械	最末端浮動的量産手組立	7
加工，組立，ユニット受注	輸送機械	末端専属量産加工組立	7
手組立，加工，レンズ組立	精密機械	内職利用低工賃量産組立	7
ワイヤー部分の加工，組立	輸送機械	端末専属量産手加工組立	7
プレス，旋盤加工	一般機械	専属量産浮動加工	6
ネジしめ等組立，手組立	電気機械	最端末専属量産浮動組立	7
手組立	電気機械	専属量産組立	7
ハンダ，ネジしめ，手組立	精密機械	最末端専属量産浮動組立	7
皮膜蒸着	電機機械	量産電機部品加工	6
バネの設計から販売まで	金属製品	量産メーカー	3
モータ組立	電気機械	専属量産加工・組立	7
組立，脇作業，手組立	電気機械	最末端浮動的量産組立	7
ハンダ，手組立，機械加工	電気機械	量産加工・組立	7・8
NC精密加工，試作金型	電気機械	高度熟練技能末端専属試作	4
回路設計から販売まで	電気機械	多種少量部品製造	3・8
基板へ部品挿入，検査	電気機械	端末専属量産手加工	7
NC旋盤加工，仲間仕事	電気機械	末端専属量産加工	6
基板へ部品挿入，手組立，ハンダ	電気機械	京セラ100％専属下請	5
レンズの目視検査，レンズ研磨	精密機械	端末専属量産手加工	7
引きもの加工	輸送機械	末端専属量産加工	6
ハンダ，ネジしめ，手組立	精密機械	最末端専属量産浮動組立	7
モータ組立，自社製品の検査	電気機械	量産組立，企業内海外分業	7・8
引きもの加工，フライス，旋盤	精密機械	専属量産加工	6

図表2-7　1993年度調査企業　依存度・業態別分布

第一位納入先依存度	業態			事例数
	組立・検査	機械加工	その他加工	
100%専属	7	1		8
80%〜99%	5	3		8
50%〜79%	4			4
30%〜49%		1	1	2
30%未満			1	1
計	16	5	2	23

出所）図表2-5と同じ

今回の調査企業の大半が特定の取引先と強い結び付きをもっており，取引先分散化をしている企業がほとんどみられなかったことである。特に業態から見た場合，組立・検査などの部分で特定企業への依存度が高く現れている点も特徴である。しかしながら機械加工においても特定企業への依存度は高く，上伊那地域の中小企業においては大半が，特定の企業と専属か専属に近い取引関係を結んでいるといえる。

4）材料調達について

　材料を自社で調達せず，支給財加工をおこなっているということは，発注元から賃加工の仕事，すなわち「下請」仕事を受注していると考えられる。したがって支給財の比率が高まるほど特定企業からの影響が強いといえる。図表2-8をみると，今回の調査企業において18社，全体の8割弱が「100％支給財」への加工を主たる業務にしていることがわかる。このことは調査企業の多くが，企業規模，取引量，技術にかかわらず「下請」仕事をおこなっており，特定企業の影響を強く受けていることを物語っている。また自社調達をおこなっているとしても，発注元企業が取引先を指定している場合や，取引内のごく一部を自社調達している場合が多く，材料調達面から見ても，上伊那地域には下請企業の割合が多いことがわかる。

図表2-8　1993年度調査　下請中小企業材料調達一覧

中分類業種	材料調達方法・業態				計	比率 (％)
	100％支給材		自社調達有			
	組立	加工	組立	加工		
一般機械		1			1	4.3
電気機械（部品加工）				2	2	8.7
〃　（組立・検査）	14	2			16	69.7
輸送用機械		1	2		3	13.0
精密機械				1	1	4.3
計	14	4	2	3	23	

注1）業態にまたがる企業については，主たる業態に分類した。
注2）その他加工には皮膜蒸着も含む。
注3）現在の仕事がない場合は以前の取引先との関係から分類した。
注4）メーカー，子会社，生産工場は除く。
出所）図表2-5と同じ

5）取引期間について

　取引期間について加工型企業と組立型企業では異なる特長が見られるため分けて検討する。まず加工型企業の場合，図表2-9を見ると，サンプル数が少ないが比較的取引期間が長い傾向にあることがわかる。

　一方，図表2-10から組立型企業の取引期間を見ると，100％専属でありながら取引期間が短いものが多いことが読み取れる。特に取引期間が4年以下の企業に注目すると，企業規模が比較的小さい，電気機械分野である，という共通点を持っている[8]。このように規模の小さい組立型企業の場合，特定企業と100％専属で取引をしていたとしても，取引期間は比較的短く，取引形態と取引期間とは区別して考える必要性があると思われる。

　また取引期間10年以上で依存度が50～79％の企業は，従業員数が多く，企業規模が比較的大きいという点もあげることができる。組立型企業でも規模が大きくなると1社専属という形をとらず，複数の取引先を持つ傾向が見られる

---

(8) 取引期間が4年以下の企業は，HY製作所，ST社，SM製作所，YJ製作所の4社である。

図表2-9　1993年度調査企業　加工型中小企業取引期間一覧

取引期間	依存度			計
	100%	80〜99%	50〜79%	
4年以下	0	0	0	0
4〜10年	0	0	1	1
11〜20年	0	2	0	2
21〜30年	1	1	0	2
計	1	3	1	5

注）現在，取引をしている親企業との取引期間である。
出所）図表2-5と同じ

図表2-10　1993年度調査企業　組立型中小企業取引期間一覧

取引期間	依存度			計
	100%	80〜99%	50〜79%	
4年以下	4	0	0	4
4〜10年	1	3	1	5
11〜20年	1	1	1	3
21〜30年	1	1	1	3
30年以上	0	0	1	1
計	7	5	4	16

注）現在，取引をしている親企業との取引期間である。
出所）図表2-5と同じ

のである。

6) 調査企業類型

　調査全体を踏まえ[9]企業の整理をおこなうと次のように分類される。①KOAなどの「大手完成部品メーカー」，②RJ社など特定分野においてシェアを持つ「中規模完成品企業」，③大手企業に部品を供給する「中規模完成部品企業」，④加工技術に高度なノウハウを持つ「高度加工技術型中小企業」，⑤組立技術に高度なノウハウを持つ「高度組立技術型中小企業」，⑥「量産加工型

---

(9) 個別の調査企業については粂野（2001）補ヒアリングノートを参照していただきたい。なおヒアリングノートには特徴的な企業のみを取り上げており，すべての企業を掲載していない。

中小企業」，⑦「量産組立型中小企業」，⑧「自社製品開発型中小企業」，の8
つに分けることができる。

（3）調査結果からみた上伊那地域産業構造の特徴

　調査およびこれまでの研究を踏まえ上伊那地域の産業構造を見た場合，いく
つか特徴をあげることができる。これらは発注側企業と受注側中小企業のもの
とに大別される。

　まず発注側企業における特徴であるが，第一に地域内に需要をもたらす大企
業（完成品メーカー等）を頂点として，下請企業，内職等も含めた分業構造が
形成され，地域内に受発注関係が存在していること（地域内分業構造の存在），
第二に発注側大企業は常に同一企業ではなく，時期ごとに企業が代わりながら
も地域内に需要をもたらしていたこと（発注側企業の交代），第三に発注側企
業からの需要は変化変動の激しいものであると同時に，海外生産との競争にさ
らされている部分であること（海外生産と競合する生産部分）の3点である。

　次に受注側中小企業の特徴であるが，第一に長期継続的に組立工程に従事し
てきた中小零細企業および内職が量的に多く存在しているということ（組立型
企業の量的存在），第二にこれら組立専門企業・内職の企業間で分業関係が成
立していること（分業関係の存在），第三に組立専門企業・内職は単独で存立
しているのではなく「群」[10]として存立していること（組立専門企業群の存
在），第四に受注側中小企業と取引先企業との間には密接な関係が存在し，再
下請企業へ指導をおこなっていたこと（密接な関係と再下請への指導の存在），
第五に「組立専門企業」のなかにも他地域と差別化できる組立に関する技術・
ノウハウを持つ企業が存在すること（高度組立専門企業の存在），の5点であ
る。

---

(10) 群については本節（3）の2）③を参照のこと。

1）発注側企業の特徴

①地域内分業構造の存在

上伊那地域には地域内に需要をもたらす大企業（完成品メーカー等）が存在し，これらからの需要を，下請企業・内職等も含めた分業構造が担っており，地域内に受発注関係が存在していることである。この分業関係は，親企業・発注側企業から受注側企業（下請企業）に流れるものと，受注側企業から再受注企業（再下請）や内職に流れるものとの2つに分けて考えることができる。

②発注側企業の交代

上伊那地域工業では，需要を生み出す幾つかの異なる大企業が何度も交代しながら[11]，地域工業の中核を担ってきた。「企業城下町」を形成する日立製作所や，トヨタ自動車などは設立当初から近年まで変動はあるものの地域に需要をもたらしてきたが，上伊那地域では中心となる企業が何度も交代しながら，地域工業を担ってきたと考えることができる。

たとえば戦後，この地域の発展を担ってきたのは1940年に疎開してきたKOA（伊那市）や，そこから独立したルビコン（1952年，伊那市）などの電子部品産業であり，その発展とともに地域工業は拡大してきた。その後，上伊那地域をけん引してゆくのは，エプソン（1959年，箕輪町），チノン（1970年，伊那市）や三協精機（1972年，伊那市）などの精密機械産業や電気機械産業であった。その後もエプソン（1980年，箕輪町），オリンパス（1981年，辰野町）などが地域内に進出することで，上伊那地域は県内でも有数の工業地域として発展してゆくのである[以上(12)]。

以上のように上伊那地域は，特定の産業や企業を中心に形成・発展してきた集積ではなく，様々な産業や企業が，異なる時期に地域内へ移転してくること

---

(11) 付表2-2を参照のこと。

(12) 山口通之（2003）「長野県の南信三地域（諏訪，上・下伊那）の戦後の工場立地とその展開からみた空間構造（一）─三地域の製造業の立地関連と海外進出を中心に」『信濃』第五五巻第一一号，p.798. を要約して引用した。

で，形成・発展してきた産業集積であるといえる（付表2-2参照）。

③海外生産と競合する生産部分

上伊那地域の大企業で生産される部分は，当初から海外生産されるものが多かった。この地域における工業化のきっかけとなった電子部品工業であるが，その代表ともいえるKOAは1967年には台湾での生産を始めている[13]。その後，様々な産業の企業や分工場が，異なる時期に移転してきた。しかしながらこれらの移転企業や分工場は，新製品の開発などをおこなう研究部門ではなく，生産工程が確立している大量生産部門の工場が多かった。つまり上伊那地域における発注側企業の生産部分は，量的な生産を担う部分であるといえる。

このような部門の生産は海外生産と競合する部分であり，上伊那地域における多くの大企業でも，1970年代以降は海外生産と競合していた。たとえば1970年に伊那市へ進出してきたチノンであるが，伊那市の工場ではレンズ分野の生産をおこなっていた。しかし同社は1973年に台湾へ進出し，当初はカーステレオの生産をしていたものの，その後，コンパクトカメラや一眼レフの交換レンズなどの生産も台湾でおこなっていたのである[14]。つまりチノンは国内でレンズの加工や組立をおこなうと同時に，1980年代以降，台湾でも同様の加工や生産をおこない，外部経済環境の変化とともに伊那での生産と台湾での生産を使い分けていた。

以上のように上伊那地域での生産部分は，1970年代においては既に国内他地域だけでなく海外生産と競合する部分であったといえる。さらに1990年代に入ると量だけではなく生産内容も変化し，かつ人手を必要とする部分の生産を担う企業が多くみられるようになったのである。

発注側企業における海外生産化が下請企業に与えた影響を見てみよう。

---

(13) KOA株式会社HP，https://www.koaglobal.com/corporate/history/history2（2023年12月2日閲覧）

(14) 山口（2003）前掲書，pp.800-802.

付表2-2　上伊那地区における大企業・工場の創業時期と下請中小企業の受注先の変動

親企業側（創業、進出年度）

昭15. KOA	昭20. 帝国通信	昭30. 信濃オリンパス	昭41. 三協精機（駒ヶ根）	昭50. NEC	平2. ユニレックス（日本発条）
18. 日本発条	22. ルビコン	33. KOA（箕輪）	42. KOA（伊那）	56. オリンパス（長野）	
19. 石川島汎用機械	ケンウッド	34. エプソン（伊那）	45. チノン	57. ロジテック	
オリンパス伊那		36. 小金井製作所		長野日本電産（辰野）	

〈組立型下請中小企業〉
下請企業（創業）

	昭和40年代	50年代	60年代	平成	現在
HS工業（昭41）	レンズ加工 ———————————————————————— 平1. NEC ———————————				
NTSS（昭41）・帝国通信 —————————————					
YJSS（昭44）	・チノン ——————— 昭56. オリンパス — 昭59. 京セラ ————————— 平4. オリンパス —————				
SMSS（昭47）	・コイルの巻線加工 — 昭55. エプソン ————————— 平2. オリンパス —————				
EK電子（昭48）	・エプソン, ケンウッド — 昭50. チノン ——————— 昭61. 京セラ ——————————				
MW電子（昭48）	・三協精機 ——— 昭53. チノン —————————————				
IT電産（昭48）	・抵抗器 ——— 昭51. NEC —————————————				
NK精密（昭48）	・抵抗器 ——— 昭55. 三協精機 ————————— 昭62. ユニレックス ———————				
KS電機（昭53）	・スタンレー ——昭55. NEC —————————				

TM（昭58）————————————————————————————・ユニフレックス

ST（昭60）————————————————ストロボ————————平1,エプソン

MN精機（昭61）————————————————————・三協精機

TB電子（昭60）————————————三協精機————————平1,富士通・シチズン

HS電機（昭40）・オリンパス（カメラ組立），チノン（レンズ組立）————エプソン—三協精機—平1,三協精機

〈組立・加工型下請中小企業〉

IN光機（昭48）　　　　・オリンパス————昭53,ユニオン光学，セイコー，京セラ————昭58,チノン—昭63,エプソン，オリンパス，日本電産

NS技研（昭34）・ケンウッド（コイル巻），オリンパス（機械部品加工）—ケンウッド（ステレオ，PC板組立），小金井SS,日動車電気工業,三菱（岐阜）————

〈加工型下請中小企業〉
下請企業（創業）

KH精密（昭43）・オリンパス（伊那）————————

TSSS（昭40）・ニコン————————昭55,桂川電機（東京）————————

TW若業（昭42）・石川島————————

HYSS（昭51）　　　　　　・カメラの鏡枠加工—昭57,信濃特機（日本電産）

MS工業（昭50）　　　　　　・部品加工————————昭62,マルヤス

| | 昭和40年代 | 50年代 | 60年代 | 平成 | 現在 |

注) 取引先が同時期に複数書かれていない企業は、一社専属的な下請企業である。抵抗部品やバネを製造している企業は入れていない。
出所) 渡辺（1997）、ただし初出典は釜野（1994）である

昭和55年に創業したKS電機は，当初，TVの基板加工をおこなっていた。しかしTV生産が海外へ移転されたので，PCの基板組立へと変更する。生産方法も時代とともに変わり，従来おこなっていた脇作業を基板に組み込む方法へと変化した。その結果，当社で加工する組立部分も減少してきた。最近は国内で1か月程度生産すると，その後は海外で生産する方向へ変わってきている。基板の自動化も進んでいるが，生産の半分が海外へ移転されており，平成3年時には11社あった下請が6社にまで減少している（1993年のヒアリング調査に基づく）。

この事例は下請企業のものであるが，発注側企業において国内向けの製品であっても，海外生産ラインが立ち上がるまでの試作段階から，先行生産までのつなぎ部分の生産などを上伊那地域でおこなっていたことがわかる。特に組立加工部分は機械加工に比べて労働集約型作業が中心であるため，相対的に低賃金である地域の中小企業や内職を活用した方が，社内に組立人員を配置するよりも安く生産できる。また取引関係であるため需要の変化・変動に対応しやすいことも発注側のメリットになっていたのである。

2) 受注側中小企業の特徴
①組立型企業・内職の量的存在
上伊那地域には，長期継続的に組立工程に従事してきた中小企業および内職（以下組立型企業・内職とする）が量的に多く存在し，これらの企業間および内職との間に分業関係が存在している。もちろん調査企業の中には機械加工の中小企業も存在していた。しかしながら比率的にも少なく，地域の特徴を見る場合，組立型企業の地域として考えた方が妥当であろう。

従来の研究[15]でも明らかにされてきたように，上伊那地域には組立型企業

---

(15) 赤羽孝之（1975）「長野県上伊那地方における電子部品工業の地域的構造」，『地理学評論』48-4など。

が大量に存在すると同時に，そこを何らかの理由で退職した女性（出産や病人の看護等）に，これまでおこなっていた仕事を内職として発注することも多く見られる。またこれら組立型企業で働いてきた男性従業員が，取引先や内職とのつながりをもって，組立型企業として独立・開業するケースも多く存在する[16]。特に高度成長期の需要拡大により，これら組立をおこなう企業が増大し（付表2-3参照），さらに地域外の企業が組立需要をこの地域に持ち込むことで，上伊那地域の組立型企業は1990年代まで維持・再生産が可能になってきたと考えられる。

②組立型企業・内職に分業関係が存在

　上伊那地域の場合，これら地域内に豊富に存在する組立型企業・内職の間に分業関係が存在している。地域の発注側企業は，これら組立型企業や内職を，その時々の発注内容やコスト，技術の程度によって使い分けることで，相対的に安価で，柔軟な生産を可能にしてきたのである。

　EK電子の事例を見てみよう。

　　EK電子は内職をおこなう個人のハンダ技術によって仕事の配分をわけている。高い精度が必要な場合は，高い技術を持つ内職へ優先的に出し，そうでない場合は近辺の集配しやすい場所に発注している（1993年のヒアリング調査に基づく）。

このような相対的に安価で柔軟な生産を可能にする分業構造は，地域内大企業や外部からの企業進出により生じた需要を取り込み，1990年代まで維持されてきたのである。

---

(16)　事例企業のEK電子やKS電機などが該当する。EK電子の経営者はもともと地域の企業で営業として働いていた。その企業で基板の技術を見よう見まねで覚え，地域内で仕事も存在していたため独立開業したのである。

付表2-3　電子部品工業集積の一事例

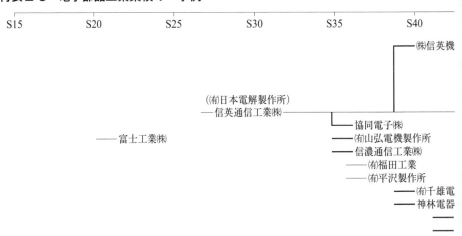

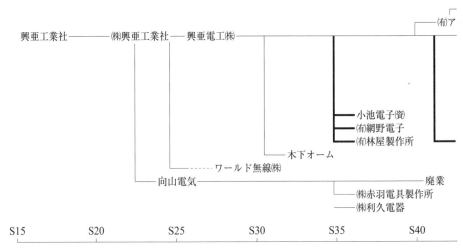

注）上伊那地方事務所の資料による。

出所）那須野公人・青山秀雄・八幡一秀（2001）「長野県上伊那地域における電子・通信機器産業の現状」，作新学院大学経営学部，『作新経営論集』，第10号

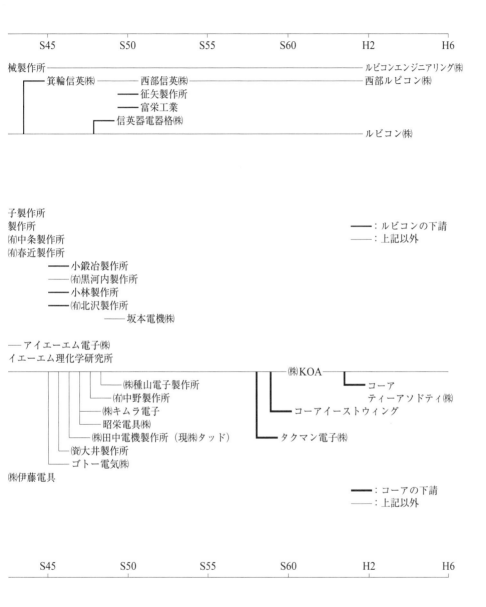

③「群」としての組立型企業・内職の存在

　組立を専門とする中小企業は，1990年代まで地域内に数多く見られた。これらの企業は，取引先企業の産業や分野は様々である[17]が，「組立をおこなう企業」として存在していたといえる。前述した調査結果からも分かるように，上伊那地域の組立型企業は専属的な取引関係であっても，取引期間は比較的短期である傾向がみられ，取引先を変えながらも一貫して組立加工をおこなっていた。このことは上伊那地域の組立型企業が，特定企業や特定産業の枠を超え，「組立をおこなう企業」として存在することを示している。

　特に企業規模が小さくなるほど，特定の企業に専属的に従事しているが，時期によって取引先を変えながらも長期継続的に組立作業に従事している企業が多く存在していたのである（付表2-2参照）。そしてこれらの組立型企業は，単独で存在しているのではなく，再下請や内職を持ち，企業や生産内容によって使い分けられていた。

　また組立型企業は，次項で説明するように，発注側企業との密接な関係により技術力を向上させてきた。たとえば後述するIT電産の事例のように，以前取引していた企業から得た組立作業でのノウハウを活かし，異なる産業の企業から仕事を獲得することを可能にしたのである。

　このように内職等を含め下請取引関係を通じて，技術や情報を持つ組立型企業が増加し，地域内に広がることで，結果として地域内に組立技術を持つ中小企業が多数存在することになった。これら組立型企業は地域内に単独で存在しているのではなく，大企業や自社製品企業の下請分業構造を構成する役割を担っていた。つまりこれら組立型企業は発注側企業から見れば組立をおこなう企業群として，つまり「組立型企業群」として存在していたといえる。

---

(17) たとえばこれらの企業は，PC基板への部品の手差し作業，巻き線加工，レンズ部品の組み立てなどをおこなっていた。納品先企業の属する産業は，電気機械産業であり，汎用機械産業であり，精密機器産業であるが，業態で見れば「組立」作業である。

④取引先企業との密接な関係と再下請への指導

　上伊那地域に存在する受注側企業は，組立加工や機械加工を問わず，特定企業に対する依存度が高かった。したがって「専属」であることも含め，取引先企業と濃密なつながりを持っていることが想定される。特に組立加工の場合，取引先企業専用のもの（部品・製品）を組立てる場合が多く，部品や材料も大半が支給財である。したがって材料の補充や取引先独自の仕様などが存在し，発注先企業との綿密な打合せ等が必要となる。また他社への情報の流出や，複数企業との取引における作業ミス増加の恐れもあり，単独取引を望む企業も多い。その結果，取引先と結びつきが強くなり「専属」となるのである。このような取引関係においては，発注側企業から受注企業へ技術的・経営的な指導も含むケースも指摘されていた[18]。

　さらに親企業から指導を受け技術を獲得した下請企業の中には，再下請企業に同様の指導をおこなうものもある。

　　自社製品を持つNK精密では，「組立，検査等も外注に出している。規模は2〜10名程度である。技術は当社が指導し，社内と同じ程度にまでする。取引している期間が5〜10年と長い。技術指導をしてついて来られない外注には仕事を出さない。これら外注へは当社で機械を貸して作業させている。内職とは直接取引せず，外注に管理させている。以前，当社で使用していた内職は100名ほどいた。」（1993年のヒアリング調査に基づく）

　このように組立型企業であっても，発注元企業は外注先企業に指導をおこない，さらには地域の内職管理までさせるケースも存在する。このような指導や管理が，再下請企業や内職へと拡大した結果，組立技術や管理技術が地域内に拡散し，地域全体で「組立企業群」として組立加工を担える地域となってゆく

（18）中央大学経済研究所編（1982）『兼業農家の労働と生活・社会保障』中央大学出版部。

付表2-4　諏訪，上・下伊那地域の製造業の隣接地域への主な相互進出例

地域	企業名（創業）	他の南信地域への進出先（進出年） （同一地域内の進出も含む）
岡谷市	オリンパス（1919, 43）	岡谷市（43）→辰野町（81）
	養命酒（23）	岡谷市（51）→駒ヶ根市（71）
	ニッセイ電子工業（59）	伊那市（62, 以後閉鎖）南箕輪村（84）
	大和製作所（45）	辰野工場（59）
	共栄製作所（57）	箕輪町（73, 90）
	ハーモ（62）	南箕輪村（81）
	日本ピスコ（76）	南箕輪村（86）
	中村製作所（62）	箕輪町（72）
	東信鋼鉄（61）	箕輪町（伊那営業所）（83）
	丸眞製作所（49）	辰野町（82）
	エグロ（37）	箕輪町（81）
	伸光製作所（58）	箕輪町（67）
	マルヤス電業（50）	箕輪町（60）
	堀川工業（71）	箕輪町（83）
下諏訪町	三協精機（46）	駒ヶ根市（66）飯田市他（73）伊那市（72）原村（85, 92）
	小松工業（70）	南箕輪村（02）
	荻原製作所（46）	箕輪町（80），岡谷市（98）
	共友電材工業（77）	茅野市（88）
	ひかり味噌（27）	飯島町（79）
諏訪市	チノン（48） （茅野市から54年に移る） 97年チノンテックが分離	伊那市に2か所（三信ミスズ，芦沢地区） （70, 85年伊那部に移転しチノンに合併→94閉鎖） 辰野町（小野，辰野工場）（72） 茅野市（中大塩，豊平）（86, 89）
	ミスズ工業（64）	箕輪町（84）→オプトランド（87）
	富士ネームプレート（62）	茅野市（80）
	キッツ（51）	伊那市（73）茅野市（75）
	東洋パルプ（19）	茅野市（97）
	セイコーエプソン（85） （諏訪精工舎42）	箕輪町（59, 80） 富士見町（79, 85）
	日新工機（62）	原村但の伊那市（72, 02閉鎖）
	三九（53）	箕輪町（84）
	高島産業（45）	茅野市（83）
	ライト光機製作所（56）	飯田市（70）
上・下伊那	KOA（伊那市）（40）	阿智村，飯田市など（69〜）
	ルビコン（〃）（52）	松川町（63）
	平和時計製作所（飯田市）（49）	高森町・飯田市松尾・下殿岡（49〜）
合併等	合併：旭松食品（飯田市）	ダイヤ豆腐（箕輪町）を吸収合併

企業，市町村工業案内，聞き取りにより作成
出所）山口直之（2003）

主な製品	備考 （県内・国内）
映像，医療機器，カメラ	大町，坂城，青森等
医薬品，飲料	
通信機器	
自動車部品	
精密部品	
産業ロボット	南箕輪村に移転
空気圧機器	
精密金型設計・製作	穂高町，山梨県
工具鋼，ステンレス関係の加工	
熱処理加工全般	
工作機械	塩尻市（70）
プリント配線板	
自動制御部品	
プレス・プラスチック金型	
電子機器，情報機器，ロボット，大型工作機械，オルゴール	甲府市，梓川村（93閉鎖）
自動車部品	下諏訪から撤退
給湯，暖房関連機器	
プラスチックの販売・加工	
味噌醸造	上田市富士山
デジタルカメラの関連生産，各種レンズなど	伊那市の工場閉鎖 97年本社茅野市
半導体実装	
各種ネームプレート	本社茅野市に移転
バルブ関係	
バルブ関係	諏訪工場閉鎖（02）
水晶振動子，電子機器デバイス等の開発製造，プラスチック・メガネレンズ	国内18事業所
精密プラスチック部品	本社茅野市へ移転
デジタルカメラ完成品組立	
精密部品研磨，研削	
ライフルスコープ，双眼鏡	
抵抗器	国内8社
アルミ電解コンデンサ	
時計，情報機器	
納豆，凍豆腐	85年合併

のである。ただし調査概要で述べたように密接なかかわりを持っているからといって取引期間が長期になるとは限らないので注意が必要である(19)。

⑤高度組立型企業の存在

上伊那地域に数多く存在する組立型企業のなかには，他地域と差別化できるような相対的に高い組立技術や，発注先の要望により再下請企業や内職等を編成（コーディネート）できる企業が存在する。

組立加工における差別化の事例として，ハンダ加工をおこなうEK電子をあげることができる。

ハンダ加工を中心的な技術として持つEK電子は，創業当初からハンダ技術に注目し，不良率を低めることを目標に技能を高めてきた。その結果，親企業側の不良率よりもかなり低い数値をだし，特定部品に関するハンダ付けはEK電子が1社で引き受けてきた。どんなに小型化が進んだとしてもハンダ付けする部分は存在するため，作業工程でのハンダによる不良率がポイントとなっており，EK電子のハンダ技術の重要性が再認識されている（1993年のヒアリング調査に基づく）。

このような組立技術に関する蓄積だけでなく，一定の品質を保ちながら，量や納期の変動に対して，相対的に安価で対応できるように再下請企業や内職等を編成できる組立型中小企業が地域内に存在していることも上伊那地域の特徴である(20)。

たとえばRJ社は，自社のノウハウが必要な部分以外を，地域の組立型企業

---

(19) 密接な関係であっても独立した企業同士の関係であるので，製品変更や海外生産化などにより組立作業そのものがなくなった場合，発注は停止される（1993年におこなったKS電機へのヒアリング調査に基づく）。
(20) このような再下請企業や内職等を編成する機能は，池田氏の研究でも指摘されており，「紐帯」「結節点」と呼ばれていた機能である。池田正孝（1988）参照。

に外注することで安く，迅速に対応している。これらが可能になるのは，発注先組立企業が，技術だけでなく内職までも含めた分業関係を，うまく編成するノウハウを持っているからである。

　　PC周辺機器メーカーであるRJ社は，伊那工場120名のほかに，東京本社に40名，大阪支社5名を持つ企業である。東京本社で開発・設計，伊那では企画開発と生産，製造をおこなっている。生産に直接関係している人員は35名である。ライフサイクルが短いため，購買，外注を使い分業を進め，いかに内製化部分を少なくするかが問題となる。中心部分だけを当社でやり，さほど重要でない部分はアウトソーシングを進めてゆく必要がある。

　　メインの外注は地域内に4社，そのほか10社程度ある。外注内容は，サブアッセンブリー組立であるが重要な部分，まねされると困る部分は内製化し，それ以外を出している。多品種少量であるため，内製化すると人件費がかかるので外注し購入している。基本的にはユニットを買って社内で組立をおこなう。購買によって他社の専門技術やノウハウを使用する。当社からスペックを出して生産させることもある。購買は40社を中心として100社以上あり，合見積もりを取っている。伊那に開発や生産工場があることのメリットとしては，小回りが利き，短納期対応の組立外注が近くにあることである（1993年のヒアリング調査に基づく。ここでの内容は当時のものである）。

まとめにかえて

（1）組立型集積としての上伊那地域

　　上伊那地域には，もっぱら組立をおこなう「組立型」の中小企業が多く存在していた。それらは特定の企業と密接な関係を持っているものの，取引期間は短いものが多かった。そして特定の産業に特化しているわけではなく，「組立」

をおこなう企業群として存立していた。これら「組立型企業群」は，戦時中に疎開し，後に地域をけん引する大企業だけでなく，地域外から進出してきた企業などからの需要を取り込むことで，1990年代まで維持・再生産され，上伊那地域は「組立型集積」として存在してきたのである。

(2)「組立」という業態を可能にした理由

地域内に組立をおこなう企業が，群として大量に存在していることは，「集積のメリット」として機能してきた。そのことは地域外から，組立作業を必要とする企業・事業所の地域内への進出を促進させたのである。その結果，地域内に組立需要が長期にわたり存在し，上伊那地域は1990年代後半まで，組立型集積を維持・発展させてきたということができる。この集積によるメリットの存在と，これに基づく外部からの企業の移転による組立需要の存在は，いわばコインの裏表の関係であり，セットで考える必要がある。

①大企業の進出要因と「集積のメリット」

上伊那地域は，高度成長期前半に諏訪地域から分工場が進出し，高度成長期後半からは大都市部から大企業が進出してきた。しかしながら「なぜ上伊那地域に進出してきたのか」という点においては不明確である。特に高度成長期後半に進出してきた大都市部の大企業は，日本国内に企業を進出させることが可能であり，上伊那に移転してきたのは偶然であるとは考えにくい。

このことについて筆者は，戦後，電子部品工業の発展により組立加工を中心とした分業構造が地域内に形成され，この分業構造を利用する目的で，地域外から上伊那地域へ大企業が進出してきたと考えている。つまり人手のかかる変化変動の激しい組立加工を，社内に人員を抱えることなく，一定の品質を確保しながら，相対的安価に発注できる生産分業構造が，電子部品工業の発展により地域内に形成された。そしてこの構造が企業間の取引関係を前提として成立していること，つまり発注側企業としては，必要なときに必要なだけ分業構造

を活用できるという「集積のメリット」が存在していたためといえる[21]。

　これらは第4章でも明らかにしているように、当初、電子部品の疎開企業により地域工業が形成されたとき、組立作業中心の分業構造が地域に形成されたことに端を発する[22]。高度成長期にはそれらの分業構造を活用しようと、隣接する諏訪地域から組立作業をおこなう事業所が進出してくる[23]。このような大企業の進出とそれに対応することにより、地域分業構造の高度化と内職までの組織化がおこなわれ、単純な農村納屋工場から、より工業に適する形態へと進展したのである[24]。このように時間を経ることに、また企業が交代するごとに高度化し、組織化され、発注側企業にとって効率の良い分業構造が上伊那地域に形成されたのである。

②組立型中小企業の存在と上伊那地域集積の関係

　次に受注側企業である組立型企業・内職が、上伊那地域に大量に存在する理由はなにかという問題である。受注側企業の存立要件としては、組立需要が地域内に存在し続けていることが重要になる。

　上伊那地域における組立作業の需要は、様々な産業の発注側企業が、時期を変えながら進出してきたことで地域内に継続して存在していた。電子部品工業からスタートするが、その後は精密機械、一般機械、輸送用機械など様々な産業の企業が進出してきたのである。いずれも組立部分の作業工程を必要としていた企業であった。そのため受注側である下請中小企業は、様々な産業と関わることになるが、組立作業をおこなう点において一貫していた。そのことで地域内企業は組立作業に関する技術やノウハウを獲得し、様々な産業の組立をお

---

(21) マーシャルの集積によるメリットにあてはめると、上伊那地域には「組立」という同一職種の企業集積や、補助産業としての内職の存在などに該当するであろう。ただし重要なのは、これらの要素ではなく、地域全体が集積として機能している点にあると考えている。
(22) 赤羽孝之（1975）参照。
(23) 池田正孝（1977-5）などを参照。
(24) 三井逸友（1981）参照。

こなうことのできる組立専門企業として存立することができたのである。

　またこの組立型集積の存在は，様々な産業や企業，地域外からの需要を，地域内に舞い込ませる結果となった。これらの需要によって，上伊那地域の組立型企業は，業種転換や廃業することなく広範に存立することができたのである。受注側企業にとっても，集積内に存在し組立型集積を形成する一企業となることで，組立需要を獲得できるというメリットが存在した。その結果，上伊那地域は「組立型集積」として1990年代まで存立し続けることができたといえる。

③組立型企業存立の背景

　上伊那地域のように，組立型の中小企業が広範に存立する「組立型集積」はどこでも存立可能というわけではない。組立型企業が長期的かつ大量に存立できた背景として，まず重要なのは，地域内へ需要をもたらす異なる大手企業が，時期を代えながらも1990年代まで存在していたことが指摘できる。これらの企業は同一企業や同一産業ではない。しかしながら作業内容として見るならば「組立」の需要を地域にもたらし続けた。このことにより組立型企業の存続が維持され，結果として組立型の特質を持つ集積が今日まで維持されてきたのである。

　次に大都市部に比べ相対的に広く安い土地および労働力が存在していたことがあげられよう。高度成長期に大都市部で問題視された公害や人件費の高騰により，生産部門の移転を余儀なくされたという大企業側の移転問題と同時に，大都市部を追われた大企業の工場が進出できるような広い土地が存在し[25]，同時に相対的に安価な労働力が地域に存在していた[26]（図表2-11参照）。つまり

---

(25) 伊那市だけでも工業団地が複数（12団地，2023年現在）存在し，誘致が盛んにおこなわれてきた。同じ長野県でも坂城町では土地が狭く労働力も不足しており，企業を誘致することができなかった。粂野（1998）参照。

(26) 図表2-11は長野県賃金実態調査報告書の各年版より，製造業における広域圏地域別平均賃金をまとめたものである。これをみると2010年以降になって初めて，諏訪地域と同等になっていることがわかる。

図表2-11 広域圏地域別平均月間賃金額（製造業）

		1975年	1980年	1985年	1989年	1996年	2005年	2010年	2016年
男性	諏訪・岡谷地域	118393	198262	230558	260897	306484	323326	297888	299377
	上伊那地域	105815	188646	214117	231891	295559	320484	299266	301949
	諏訪を1とした	0.893761	0.951499	0.92869	0.888822	0.96435	0.99121	1.004626	1.00859
女性	諏訪・岡谷地域	70102	109261	129896	150446	178533	210319	201161	210007
	上伊那地域	62470	101750	122814	135968	167911	195759	199042	202142
	諏訪を1とした	0.89113	0.931256	0.945479	0.903766	0.9405	0.93077	0.98966	0.96255

注) 1975年の数値は広域市町村圏区域別の諏訪地域と上伊那地域の製造業計における所定内賃金の数値である。
1985年の数値まで、諏訪・岡谷地域は岡谷労政事務所、上伊那地域は伊那労政事務所の製造業の平均月間額（所定内）の数値。
1989年の数値より、伊那は南信労政事務所、岡谷は南信労政事務所岡谷分室の製造業の平均月間額（所定内）の数値である。
　管轄区域：南信労政事務所は伊那市、駒ヶ根市、上伊那郡
　　　　　　南信労政事務所岡谷分室は岡谷市、諏訪市、茅野市、諏訪郡
2005年の数値より、広域市町村圏別・性別・産業別・規模別平均賃金等の数値である。
出所)『長野県賃金実態調査報告書』（各年版）より作成

図表2-12　中央道全線開通（1981年）前後の工場立地

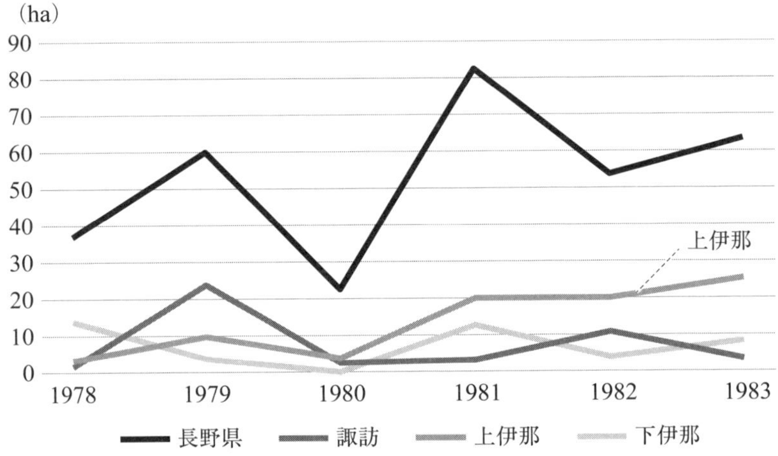

出所）山口直之（2003）

上伊那地域では工業に転用できる土地が存在し(27)，農業専業では十分にやって
ゆけず兼業化した農業労働者が数多くいたことが(28)，相対的に安い労働力を供
給することを可能にしていたのである。

　第三にインフラの整備により取引関係が広域化したことで，都市部との取引
関係が形成しやすくなり，生産工場の移転が可能となった点である。たとえば
中央高速の開通後，工場立地が促進され上伊那地域は長野県10広域圏の中で，
1982年，83年，85年に工場立地面積で第一位になっている(29)。このように中
央道というインフラが整備され，上伊那地域にはいくつもの工場が創設された
のである（図表2-12参照）。

(27)　伊那市では「昭和四十六年五月に制定された「農村地域工業導入促進法」によっ
　　て農業主導型工業が導入され，離農や兼業化による農村の残存労働力を活用する工業
　　の誘致が図られた。市は「伊那市工業振興条例」を昭和四十六年に制定し，工場誘致
　　に積極的に取り組んだ。」伊那市史編纂委員会（1972），p.234.
(28)　中央大学経済研究所編（1982）前掲書.
(29)　山口（2003）前掲書，p.795.

　　④海外生産の進展と上伊那地域集積の変化

　本章で取り上げていた時期は，戦後日本の高度成長期から1990年代までである。このころの日本の産業構造は，国内中心の生産分業構造であった。しかしながら，その後，大企業の海外進出が相次ぎ，日本の生産構造は海外企業との国際分業へと変化してゆく[30]。このような状況のもと，日本における各地域集積でも国内分業構造の中での役割だけでなく，海外企業および海外工業集積との競争の中で，それぞれの地域集積の役割を考える必要が生まれている。

　上伊那地域は1990年代以降，国内中心の分業構造から，国際間分業構造への転換の中で，大きく再編されることになり，組立型集積も大きく変化することになる。

---

(30)　渡辺幸男（2011）『現代日本の産業集積研究』慶應義塾大学出版会，p.5.

第3章
上伊那地域の産業構造 2
―2000年以降の上伊那

はじめに

本章[1] では第2章で検討した1990年代の上伊那地域集積が，2000年前後で大きく様変わりしていることを述べる。具体的には，当該地域は組立型企業[2]が集積している地域であったが1990年代後半にはこれらの企業が激減し，2000年以降，機械加工を中心とする企業，すなわち加工型企業が増加していることを示す。そして集積地域としてみれば諏訪地域と上伊那地域の結びつきが強まり，二つの地域が一体となって他の地域からの需要を獲得していることを述べる。

1. 2000年以降における上伊那地域の工業

（1）上伊那地域工業の状況

上伊那地域の工業は，長野県10広域において製造品出荷額で，松本地域，長野地域につぐ第3位である。詳しくは第1章を参照していただきたいが，平成に入ってから工業地域として著名な諏訪地域を抜いている。ただしここ数年，上伊那地域の製造品出荷額は減少傾向にあり，諏訪地域に近づいている。また事業所数も10広域において4位であるが減少幅が少なく，産業構造とし

---

[1] 本章は粂野博行（2019-2）を加筆修正したものである。
[2] 組立型企業とは，専ら組立作業を中心におこなう企業のことである。また「組立」という作業内容であるが，本稿では基本的に，はんだ付けやネジ締め作業，巻線などの単純作業を指している。ただし作業内容によっては高度なものもあるので注意が必要である。高度な組立加工については第2章を参照のこと。

て安定している地域であることがわかる。このように県内でも有数の工業地域である上伊那地域であるが，近年では地域内の大企業が撤退するなど，経済環境変化の影響を受けている。

2. 上伊那地域企業調査⁽³⁾（2015年調査⁽⁴⁾）

（1）調査の方法

　第2章で紹介した調査以降も，筆者は2018年まで継続して調査をおこなった。1993年調査の企業もふまえて調査をおこなったのである。今回は伊那市商工会だけでなく，南箕輪村商工会，箕輪町商工会にも紹介を依頼し調査を進めた。最終的に調査企業は，地域内中核大企業（4社）と中小企業（25社）行政，銀行等（9団体）となった。さらに地域企業に勤めていた労働者や，元地域企業経営者の婦人（現在は農作業に従事）にも話を聞くことができた。なお企業によっては複数回聞いているケースもある。

（2）調査対象企業の概要

1）地域内中核大企業の存在と地域内発注の減少

　上伊那地域には「地域内中核大企業」と呼べるような企業が存在する。大手完成部品メーカーでは，KOA，ルビコン，そして大手完成品メーカーとしては，オリンパス，キッツなどである。これら大手の部品メーカーやセットメーカーは現在でも生産を継続しているが，後述するように，これらの企業や事業所では生産内容を変化させ，地域内への発注を大幅に減少させていた。

---

(3) この調査概要は粂野（2019-2）をまとめたものである。
(4) 基本的に粂野（2015）で使用した調査に追加調査をおこなったものである。本書ではこの調査および2018年までの調査を含め「2015年調査」とする。期間は，2015年調査は2015年8月から9月にかけておこなった。また追加調査は2018年10月におこなっている。ただし農家夫人のS氏へは2017年8月にヒアリングをおこなっている。

2）地域中小企業の変化

前回（1993年調査）の対象企業である16社へ郵送でアンケートをおこなったが，調査不可・倒産が4件，あて先不明1件，調査企業が4件であった。つまりアンケートが到着していながら返答のない企業が7社存在していることになる[5]。これらの企業をHP等で存在を確認したところ，電話番号は存在しているものの経営を確認できない企業が多かった。このことから考えられるのは経営をおこなってはいないが，企業のあった場所に現在も住んでいるという可能性である。つまり廃業したためにアンケートには返答しなかったケースであり，これらは組立をおこなっていた企業であった。

3）地域内中小企業の特徴

調査企業は域内中核的大企業を除くと，取引関係から2つに分けられる。一つは，客先の仕様に応じて生産する「下請企業」と呼べる企業である。もう一つは自社製品を持つ企業，「自社製品企業」である。1993年調査時でも自社製品企業は何社か存在を確認できた。それらは下請取引を継続しつつ，下請からの転換を図るために自社製品を開発したケースであった。しかしながら今回の自社製品企業には，新たに開発した製品をもとに独立創業を始めた企業がいくつか見られたのである。このような動きはこれまでの上伊那地域には見られず，新たな動きといえよう。ただしここでは地域の産業構造に焦点を当てるため，数の多い下請企業を中心に分析を進める。

さて調査をおこなった地域中小企業についての特徴であるが，第一は，機械加工を中心とする加工型企業が多いという点である。以前からこの地域で多くみられた組立型企業は激減していたことも今回の特徴といえよう。第二に，地域外企業と取引をおこなっている企業が9割を占めているという点である。1993年調査では地域内企業との取引が9割だったものが今回の調査では逆転

---

(5) 粂野（2019-2）での調査概要と若干数字が異なるが，調査不可のものを未回答とカウントしたためである。

している（図表3-1参照）。そしてその取引先は何度も変更されていた。第三に，当該企業において，中核的な技術は創業当初から変わらないところが多い。ただし大きく転換していた企業も一部に存在する。そして第四に，取引先である顧客の要望に積極的に対応することで需要を開拓していた企業が多く見られた。特に顧客やそれ以外の企業，材料屋や外注先などの企業から「困りごと」などの情報を入手したり，口コミで紹介されたりすることをきっかけとして取引を開始しているケースが多い。上伊那地域の下請中小企業は顧客の「困りごと」に積極的に対応することで，地域外の新たな需要を獲得していた。これらは機械加工を中心とする企業に共通の特徴として見られたのである。

図表3-1　下請企業取引先地域比較

	1993年調査	2015年調査
地域内	23	2
地位外	2	20

注）地域内とは上伊那地域（伊那市，駒ヶ根市，
　　上伊那郡の二市一郡をさす）内である。
出所）筆者作成

4）1993年調査との比較

　2015年調査と1993年調査との比較をしてみたい。図表3-2「調査企業・地域別・加工別分類」は，前回の調査企業[6]と今回の調査企業を比較するために，地域と加工内容によって整理したものである。

　ここからわかることは第一に，2015年調査では組立をおこなう企業が激減しているという事実である。組立型企業は1993年調査時で16社あったものが全くなくなっていた。それは伊那市だけではなく駒ヶ根や箕輪町・辰野町・南箕輪村（以下では箕輪町他とする）も同様であった。この組立型企業の減少は，今回の調査において伊那市の調査企業が1/3近くまで減少した要因にもなっていた。つまりこの地域の特徴とまで言われていた組立型企業が激減して

---

(6)　第2章の付表2-1「上伊那地域調査企業一覧」である。

いたのである。

　その一方で加工型企業の増加も指摘することができる。1993年調査では3地域で6社だったものが15社へと増加し2.5倍にもなっていた。同時に地域別に見てみると，箕輪町他の地域では3社から11社へと4倍ほど，駒ヶ根市でも1社から3社へと3倍となっている。

　このように地域内で増加している加工型企業であるが，伊那地域では逆に2社から1社へと減少していた。つまり伊那市周辺では組立型・加工型企業がともに減少し，箕輪町他周辺地域では組立型企業が減少し加工型企業が増加していたといえる。

図表3-2　調査企業・地域別・加工別分類

①1993年調査（29社）

	伊那市	駒ヶ根市	箕輪町他	計
組立	8	3	5	16
機械加工	2	1	3	6
自社製品	3	1	0	4
その他	3	0	0	3
計	16	5	8	29

②2015年調査（25社）

	伊那市	駒ヶ根市	箕輪町他	計
組立	0	0	0	0
機械加工	1	3	11	15
自社製品	2	0	1	3
その他	3	0	4	7
計	6	3	16	25

　注）箕輪町他には辰野町，南箕輪村の企業も含めて表示してある。その
　　　他は，表面処理，設計，梱包，ソフト開発，材料などの企業である。
　出所）図表3-1と同じ

3. 2000年以降における上伊那地域の産業構造

　このように上伊那地域は2000年以降，新たな動きを示す企業が存在するだけでなく，地域を担う企業も変化していることが読み取れる。そこで以下では

この地域における構造変化を詳しく見るために，特徴的な企業群に分類し分析をおこなう。

（1）5類型による分析

1993年調査では上伊那地域調査企業を8つの類型に分けて検討していた。今回は2000年以降の変化を見るために企業類型にある程度の共通性を持たせ，検討することにした。地域の企業群は，「大手完成品・部品メーカー」，「地域完成品・部品メーカー」，「加工型企業」，「組立型企業」，「自社製品企業」の5つに分けて考えることができる。以下ではこの分類により地域企業を分析してみたい。

1）「大手完成品・部品メーカー」

上伊那地域企業群の類型としては，第一に地域を代表するKOA株式会社やオリンパス株式会社長野事業所辰野（旧オリンパス辰野工場）といった「大手完成品・部品メーカー」群を上げることができる。第2章において中核的大企業として扱っていた部分である。1993年調査では完成品製造と部品製造とを分けていたが，今回はそれをまとめて一つとしている。その理由としては，両メーカーとも現時点で地域に発注している部分はそれほど多くはなく，地域内における外注数も少なくなっていた。地域への影響を考えた場合，両メーカーを分けて考える必要がなくなったため，まとめて扱っても影響がないと考えたからである。

2000年以降における「大手完成品・部品メーカー」の動きであるが，国内生産拠点の統廃合の中で，長野NECを除き[7]，現時点でも生産拠点として地域にとどまっていることが特徴であろう[8]。上伊那地域だけを見ると協力工場は

---

(7) 1994年にチノンが伊那工場を閉鎖，長野NECは2017年に上伊那地域から完全撤退している。

(8) オリンパスは，坂城事業所を閉鎖しオリンパスオプトテクノロジー（名称は2012年当時，現オリンパス株式会社長野事業所辰野）へ統合している。ニデックインスツ

少なく見えるが，後述するように，諏訪・上伊那地域を一体として考えると協力工場も一定程度存在すると考えられる。

この地域に残こった企業の活動をみると，大きく変化していることがわかる。たとえばオリンパス辰野工場（当時）は1993年の調査時において顕微鏡の製造が中核をなしていた。しかしながら現在では顕微鏡から撤退し，辰野事業所では研究開発・技術支援を，伊那事業所では内視鏡の修理やメインテナンスなどを中心におこなっている[9]。

オリンパスではグループ内における事業見直しにより，2012年から辰野事業所に顕微鏡関連事業を集約した。伊那事業所は，顕微鏡生産から内視鏡の修理やメインテナンスへと転換させた。顕微鏡の海外生産は1990年あたりから進めている。高機能化しているが国内市場の縮小のためである。特にリーマンショック後は顕微鏡生産の中心であった工業用向けの製品が減少している。それにともない地域内の協力工場も1/3程度にまで減少している。海外生産化に伴う生産の減少については，1990年あたりから協力工場にも通達し，影響が出ないようにしてきた（2014年のヒアリング調査に基づく）。

また三協精機は2003年に日本電産株式会社に買収され，同社グループ会社，日本電産サンキョー（現：ニデックインスツルメンツ株式会社）となり，伊那事業所もモーター生産から産業用ロボットの研究開発部門へと転換していた[10]。つまり地域内大企業は，以前のような生産を主体とする工場から，開発

ルメンツ株式会社（閉鎖時は三協精機）は飯田工場を2002年に閉鎖している。

(9) 2013年，オリンパスは顕微鏡事業から撤退し，長野事業所辰野では研究開発，技術支援，伊那事業所（医療サービスオペレーションセンター（SORC）長野）では内視鏡の修理やメインテナンスをおこなっている。オリンパス株式会社HPより。https://www.olympus.co.jp/company/base/office.html?page=company（2023年12月7日閲覧）

(10) ニデックインスツルメンツ株式会社HPより。https://www.nidec.com/jp/nidec-instruments/corporate/about/history/（2023年12月7日閲覧）

やメインテナンスを中心とする事業所へ転換していたのである。

　以上のように地域の「大手完成品・部品メーカー」は，2000年以降，各事業所の生産内容を大きく変化させていた。オリンパスの事例からもわかるように，海外生産と同時に地域への依存を減少させていたといえる。ただし地域内にある大手完成品・部品メーカーは，この地域でおこなっている試作・開発，メインテナンスなどについては，減少したとはいえ諏訪地域や上伊那地域の企業へ発注しており，地域集積を活用していると考えられる[11]。このことはまた「大手完成品・部品メーカー」が，他地域の事業所を閉鎖しても，この地域に当該事業所を存続させている理由の一つであると考えられる。

2)「地域完成品・部品メーカー」

　次に「地域完成品・部品メーカー」群をあげることができる。正確に言えば，資本関係の変化で地元資本とは言えなくなったものの，生産や取引関係においては地域との結びつきが強く，いわば地域の中核企業の役割を果たしている企業群である。事例企業としてはRJ社[12]やTN社などをあげることができる。

　　RJ社は2005年にELECOMの傘下に入りロジテックINAソリューションズ株式会社になった。現在はストレージ関係や法人向けのカスタムPCを中心に生産している。法人向けのカスタムPCは1台から200台まで対応できる柔軟な生産ラインを構築している。グループであるELECOMの製品も含め，伊那の工場で修理・交換しており，外注企業を活用しながら対応している。数年前まで地域の外注に基板を発注していた。現在ではグループ企業が伊那の基板工場に発注している（2016年のヒアリング調査に基づく）。

---

(11)　当時の調査で，エプソンのプロジェクター生産において設計から試作，開発，修正まで，諏訪から上伊那の範囲で行っていることを伺った（2002年のヒアリング調査に基づく）。
(12)　RJ社に関しては1993年にも調査をおこなっている。詳しくは第2章参照のこと。

これらの企業は，上伊那地域に多くの協力企業を持ち，細かいもの，困ったことなど，スピードを要する需要に対応することで，国内需要に対応している。これら企業の取引先も，ベンダーの管理も含めて上伊那地域の企業に任せられ，QCDにおける細かい対応も可能であるため発注していたとのことであった。つまり自社の競争力の源泉として，諏訪・上伊那地域の集積を活用しており，なかでも上伊那地域の比率が高いことが特徴であった。

3）「加工型企業」

そして第三に，地域に多く存在し地域を特徴づける企業群としては，「加工型企業」群をあげることができる。加工内容は多岐にわたるが，それぞれの企業は切削や板金など特定加工に特化した中小企業である。また地域外企業との取引が多く，諏訪地域とのかかわりが強いことも特徴である。上伊那地域においては企業数そのものが多く，地域の代表的な企業群ではある。しかし後述するように加工型企業同士の結びつきは少なく，ネットワーク構造もほとんど確認できなかった。事例企業としてはSE社やFJ社などをあげることができる（事例企業に関する内容は付表3-1①を参照のこと）。

　　SE社は従業員70名で，熊本の半導体製造装置メーカーと取引する板金加工企業である。関東の企業とも取引しており地域外企業との取引が多い企業である。熊本の仕事は，もともと取引先企業の松本工場のものであったが，製品が熊本工場に移管されても取引が継続されている。熊本の企業でもできないことではないが，すべての面で見ると当社のほうに優位性があり注文が来る。上伊那地域内に外注はあまりなく，熱処理やメッキなど他の加工程度である。基本は内部での生産が中心である（2016年のヒアリング調査に基づく）。

また諏訪地域から移転してきて，上伊那地域で独立開業した事例としてFJ社をあげることができる。

付表3-1　2015年　上伊那地域調査中小企業一覧

①下請企業

	事業内容	地域	従業員	創業年
SW社	設計・試作	伊那	7	1970
SM製作所	機械加工	箕輪	30	1972
NA社	分電盤	箕輪	15	1975
SN工業	メッキ	伊那	150	1949
AM社	梱包	伊那	12	1952
HS電機	機械加工	伊那	60	1960
IT社	ソフト	箕輪	7	2000
BC社	分電盤	箕輪	1	2013
NM機械	機械加工	駒ヶ根	20	1979
HD製作所	機械加工	箕輪	23	1960
YO社	機械加工	箕輪	1	1975（岡谷）
FJ社	機械加工	箕輪	5	1990（岡谷）
AK精工	機械加工	箕輪	5	2000
TB社	機械加工	駒ヶ根	210	1947疎開
KB製作所	機械加工	箕輪	15	1967
SE社	板金・塗装	箕輪	70	1960（下諏訪）
IJ精機	機械加工	駒ヶ根	20	1961
P社	材料加工	箕輪	5	1987
AY製作所	機械加工	箕輪	10	1967
MY製作所	鋳造加工	箕輪	4	1960（岡谷）
KI精工	基盤製造	箕輪	35	1978

注1）創業年が1970年となっているが休眠していた祖父の会社を引き継ぎ創業したためである。
　　　業務内容は祖父の会社とは関連がない。
注2）近年，独立創業したため。
出所）筆者作成

②自社製品企業

GT電機	電動工具	伊那	3	1968
AL社	センサー	箕輪	14	1998
MK社	装置メーカ	箕輪	23	1953（疎開）
AK社	浄水器メーカ	伊那	25	1973

出所）筆者作成

　FJ社は，従業員5名のワイヤーカットによる加工企業で，自動車用部品および一般機械の部品を製造している。創業者はもともと岡谷の帝国ピストンリングに勤め，様々な部署を渡り歩き一通りの機械加工を覚えたそうであ

前の加工内容	納め先地域		その他	諏訪との関係
	以前	現在		
注1		東京・関東圏		有（勤務）
加工・組立	上伊那	広島・大阪・上伊那	前回調査	有（取引）
分電盤	長野	長野・甲府		
メッキ	上伊那	広島・大阪	電機から自動車	
段ボール	上伊那	長野・中部		
組立	上伊那	上伊那・名古屋	前回調査	
注2		長野・関東		
注2		上伊那		
機械加工	上伊那	名古屋・岐阜		
機械加工	上伊那	上伊那	内容が変化	
機械加工	諏訪・岡谷	諏訪・岡谷		有（出身）
機械加工	岡谷	松本・岡谷・埼玉	重装備	有（出身）
機械加工	岡谷	名古屋・群馬・須坂	大物	
機械加工	上伊那	東芝・GE	タービン加工	
機械加工	岡谷	松本・岡谷・上伊那	仲間仕事あり	有（勤務）
板金	上伊那	甲府・富山・熊本		有（出身）
機械加工	上伊那	名古屋		
材料販売	諏訪	諏訪・上伊那	加工あり	有（勤務）
機械加工	上伊那	名古屋・岐阜		有（勤務）
鋳造	松本・長野	松本・東京		有（出身）
機械加工	上伊那	関東・名古屋	設備を開発	有（勤務）

作業工具販売		全国	販社，加工外注	
開発・生産		全国	元気な300社	有（出身）
加工・自社製	上伊那	部品は関東	販社，部品40％	
浄水器の生産・販売		全国	販社あり	

る。その後，図面作成も独学でマスターし，1990年に箕輪町で独立した。現在は諏訪地域や関東の企業からの仕事をしている。箕輪を選んだ理由は1979年に箕輪に家を建てたからである。それまでは岡谷の社宅に住んでい

た。独立するまでは箕輪町から岡谷まで自動車で通勤していた。仕事は1〜2個のものであるが，部品点数が多いものである。1〜2個の仕事が多いので，外注は熱処理などの加工程度である（2015年のヒアリング調査に基づく）。

このように加工型企業は，地域内に企業数は多いが，地域集積内での直接的な仕事のやり取りや活用は少ない。ただし諏訪・上伊那地域を一つの地域と考えると，仕事のやり取りや熱処理，メッキなど基盤産業部分において，地域集積の活用を見て取ることができる。

4）「組立型企業」

第四に，かつてこの地域に多くみられ，第2章で指摘してきた「組立型企業」群である。ここで「組立」としているのは，基本的に人手を必要とし労働集約的な作業をさしている。もちろん高度な組立もあるが，この地域でおこなっていたものは基板組立，はんだ付けのような作業であった。このような労働集約的で，変化の多い手作業を前提とした「組立」をおこなう中小企業群である。

調査概要のところでも述べたが，2014年におこなった事前アンケートでは回答企業は存在せず，HP等で確認すると倒産しているところもあった。今回の調査では，組立をおこなっている企業であっても加工がメインであり，組立は一部でしかなかった。つまり2015年調査では組立を専門におこなっている企業は，一社も調査することができなかったのである。

5）「自社製品企業」

自社製品や製品開発をおこない，それらを販売や他社に提供することを目的に創業した企業を，第五の「自社製品企業」とする（付表3-1②参照）。かつて勤めていた大企業や地域外企業で学んだ技術や技能を生かし，自社製品を開発した企業である。これらは地域内外の新たな市場を目指す企業であり，地域

の新たな展開と考えられる[13]。

　　画像処理システムを販売するAL社の経営者はもともと三協精機に勤めていた。三協精機では画像処理のプログラム開発に携わっていた。しかしながら当時，三協精機は搬送技術をメインとしていたため，画像を組み込んだ製品は作成しない方針となった。そこで1992年に独立し，画像処理のハードとソフト，アプリを組み合わせた照明コントロールシステムを開発した。周辺装置などのハード面は地域の企業と協力し，システムを完成させた。諏訪地域や上伊那地域には三協精機やNEC出身の技術者がはじめた装置メーカーが多く，生産を依頼するには苦労しなかった。また融資を受けている銀行で経営者の集まりがあり，そこで同じ三協精機出身のエンジニアと出会う。その企業は食品関係の装置を製作しているところで，その企業と共同でサンドイッチを切断する装置を作成した。サンドイッチは具材が入るため，一つ一つ大きさが異なり，きれいに切断するためには画像処理で一つずつ確認する必要があったのである。当社とその企業とで開発したサンドイッチ切断機は大手コンビニチェーンにも採用され，ヒット商品となった（2015年のヒアリング調査に基づく）。

　このように地域内大企業から退社した技術者が，そこで学んだ技術を基に，製品開発し独立創業を果たしている。このような事例はAL社だけではない。NECに勤めているときにソフト開発の技術を学び，野菜用価格シールの設計・開発をおこなうIT社や，エプソンに勤めていたが，試作なしに3Dプリンターで製品化する技術を活用して独立創業したSW社など，従来の上伊那地域にはみられなかった企業が生まれている（個別企業については付表3-1②を参照のこと）。

　近年の上伊那地域では，技術を持ち独立した企業が地域内に数多く存在して

---

(13)　くわしくは粂野（2015）の4節を参照のこと。

おり，それら企業と連携し，新たな製品開発をおこなっている点も，これまでとは異なる動きである。つまり地域内の大企業から技術や人材が地域に流れ，地域内集積を高度化させていた。同時に，これら企業が横のつながりを持ち，製品開発の支援をおこなう仕組みも地域内に存在しているということも，1990年代には確認できなかった新たな動きといえよう。

4. 地域内企業の変化

（1）組立型企業の減少

　2015年調査では，それまで地域の中心として取り上げていた組立型の企業の話を伺うことができなかった。また別な報告書に掲載されていた企業一覧表についても確認してみたが，現在，組立をおこなっている企業はわずかであった。つまり上伊那地域の組立型企業群は激減していることが明らかになったのである（図表3-2を参照）。

図表3-2　調査企業・地域別・加工別分類（再掲）

①1993年調査（29社）

	伊那市	駒ヶ根市	箕輪町他	計
組立	8	3	5	16
機械加工	2	1	3	6
自社製品	3	1	0	4
その他	3	0	0	3
計	16	5	8	29

②2015年調査（25社）

	伊那市	駒ヶ根市	箕輪町他	計
組立	0	0	0	0
機械加工	1	3	11	15
自社製品	2	0	1	3
その他	3	0	4	7
計	6	3	16	25

注）箕輪町他には辰野町，南箕輪村の企業も含めて表示してある。その他は，表面処理，設計，梱包，ソフト開発，材料などの企業である。
出所）筆者作成

　2000年前後の事業所数について第1章の図表1-10より確認すると，1998年で600強だったものが2004年には400強に減少していた。2004年以降も減少しているが2007年以降はほぼ400あたりで推移している。第1章のデータはリーサスのものである。このデータは基本的に従業者数4人以上の企業を対象としており，中小零細企業の多い上伊那地域の現状を明確に表しているとは限らない。そこで地域の中小零細企業の状況を見るために，長野県工業統計調査報告書[14] のデータを使用して，上伊那地域の事業所数の変化を見てみたい。

図表3-3　上伊那地域　8業種　従業者規模別事業所数

年		事業所数	従業者規模別				
			9人以下	10～19	20～29	30～299	300人以上
H2	1990	1342	917	162	109	140	14
H4	1992	1420	994	174	94	141	16
H7	1995	1266	893	156	79	122	16
H10	1998	1301	939	146	75	123	18
H12	2000	1214	855	144	75	123	17

注1）長野県の工業統計調査結果報告書の各年版を使用している。
　　　同調査は平成12年まで4人以下の事業所も調査対象としている。
注2）平成13年度以降，調査対象事業所が4人以上となったこと，
　　　H14年からは分類項目が変更され，H12年までのものとは直接比較できない。
出所）長野県『工業統計調査結果報告書』各年版，を使用し著者が作成した。

　図表3-3は長野県の工業統計調査をもとに，機械金属関連の8業種（鉄鋼，非鉄，金属，機械，電機，輸送，精密，その他）を選び，従業者規模別の事業所数の変化を見たものである。第一に，この図表からわかることは変動が大きい部分は9人以下の事業所であるということである。第二に，1992年まで上昇しピークを迎えると1995年まで一度下がっているものの回復し，1998年から再び減少している。8業種全体で2000年までに200近く減少しているが，その減少の半分以上が9人以下の部分であることが読み取れる。第三に，従業者

────────────

(14) 長野県企画局情報政策課が提供している『工業統計調査結果報告書』（各年版）は，平成12年度の調査まで4名以下の事業所に対する調査も県独自でおこなっていた。

数300人以上の企業が1992年以降増えている点である。

　2000年以降の変化について，参考[15]ではあるが図表3-4で，図表3-3と特性の近い8業種（金属，機械，電機，情報，電子，輸送，精密，その他）の従業者規模別事業所数を見ると，2003年以降，8業種全体で100以上減少しており，その8割以上は9人以下の事業所である。つまりいずれのデータを見ても，上伊那地域の機械金属関連の事業所においては9人以下の部分が減少しているといえる。

図表3-4　上伊那地域　8業種　従業者規模別事業所数　2003年以降

	8業種事業所数	従業者規模別				
		9人以下	10〜19	20〜29	30〜299	300人以上
2003	581	242	140	68	116	15
2004	515	177	140	64	119	15
2007	494	147	133	66	132	16

出所：図表3-3と同じ

　そこで同じデータを使用し9人以下の事業所を地域別に整理したものが図表3-5である。これを見ると伊那市，駒ヶ根市とも1992年がピークであり，その後減少していた[16]。次にピークである1992年と直接比較のできる2000年と比較したものが，図表3-6と3-7である。これは業種別事業所数の変化を，二つの地域で見たものであるが，両地域とも中核産業とされてきた電機，精密において減少の度合いが高くなっている。伊那市の電機に至っては，2000年には半分近くにまで減少していた。従来の研究でも伊那市と駒ヶ根市では組立型企業が多く存在していたことが確認[17]されており，1992年以降の電機，精密

---

(15) 2001年以降，長野県の統計取り方が変わり4人以下の事業所を対象から外している。さらに2002年度から産業分類の項目が変更され，直接比較することができなくなったため参考としている。

(16) 上伊那郡も地域内であるが，複数の町村がはいっているためここでは議論の対象とはしていない。

(17) 赤羽孝之（1975）「長野県上伊那地方における電子部品工業の地域的構造」『地理学評論』，48-4や，中央大学経済研究所編（1982）『兼業農家の労働と生活・社会

図表3-5　地域別　9人以下の事業所数の変化

	伊那市	駒ヶ根市	上伊那郡
1990	180	115	622
1992	208	129	657
1995	188	114	591
1998	178	114	647
2000	160	104	591

出所：図表3-3と同じ

図表3-6　伊那市の事業所数業種別比較（1992年と2000年）

	1992年	2000年
鉄鋼	1	1
非鉄	1	3
金属	37	30
機械	37	41
電機	60	34
輸送	5	7
精密	49	31
その他	18	13

出所：図表3-3と同じ

図表3-7　駒ヶ根市の事業所数業種別比較（1992年と2000年）

	1992年	2000年
鉄鋼	0	0
非鉄	1	1
金属	21	15
機械	24	26
電機	43	28
輸送	12	11
精密	22	18
その他	6	5

出所：図表3-3と同じ

の事業所数の減少は，組立型企業である可能性が高いと考えられる。

保障』，中央大学出版部などを参照のこと。

（2）地域内産業構造の変化

　上伊那地域では1992年以降2004年まで製造品出荷額が増加しており（図表1-8参照），同時期における従業者数は減少しているもののその度合いは緩やかなものであった。つまり1992年以降，上伊那地域では製造品出荷額が増加しながら事業所数が減少していたのである。

　この点について考えられることの一つは，1992年以降，大企業の数が若干ではあるが増えていた（図表3-3）こととの関連である。またこの時期，盛んに言われていた海外生産化の影響である。次に示すオリンパスの事例でもわかるように，大企業の中では海外での生産も含め，生産拠点の集約化や生産内容の変化が頻繁におこなわれていた。その動きのなかで地域の製造品出荷額は増加していたのである。つまり上伊那地域において，地域内大企業は変化しながらも生産は継続していた可能性があったといえる。それにもかかわらず，なぜ9名以下の小規模企業が減少していたのであろうか。

1）生産内容の変化と内製化

　まず考えられるのは大企業での生産が変化すると同時に内製化され，地域に依存する部分が急激に減少したという可能性である。

　1994年当時，オリンパス光学工場辰野工場ではカメラ生産をおこなっていたが，生産の大半が深圳の工場に移転され，辰野工場では付加価値をあげるため，カメラ内部のフレキシブル基板の内製化をおこなった。「カメラの電子化によって，製品の内部は微細な精密機械が詰まったものから，電子部品がたくさん載ったプリント回路基板が収まる体裁のものに変わった。オリンパスは今まで電子部品を基板ごと買っていたが，・・・九三年度から二直交代を始めて内製率は六〇％に達している。」（日経産業新聞1994年3月2日「第3部少産に勝算あり（下）付加価値を取り戻す（カメラ・ハルマゲドン最後の攻防）」より）

　この事例ではカメラに係る加工内容が変化し，単なる機械加工から電子部品を必要とする製品へと転換したということである。さらに生産の内製化という企業行動により，外注部分が減少した可能性も考えられる。さらにオリンパスはこの後，カメラ部門の生産を止め，伊那事業所で生産していた顕微鏡生産を辰野事業所に移転し生産することになる。つまり事業所での生産内容そのものが変化するのである[18]。このような大企業の行動変化はオリンパスに限られたものではない。

　　NEC長野（名称は当時）はワープロやパソコン用ディスプレイの生産において，「ライン分割で，一人が複数の工程を加工するため，加工待ちの半製品は大幅に減った。（中略）わずか三人で完成品まで仕上げるラインや，一人でワープロを組み立てる究極の"ワープロ屋台"まで登場した。」（日本経済新聞地方経済面長野 1995年1月6日「長野県内企業明るさへの挑戦（中）消えるラインの"ぜい肉"——新しい仕組み模索。」より）

　NECの事例では，需要の変化や生産内容の変化に対応するため，内部での生産方式を大規模生産ラインから，一人で組み立てをおこなえるセル生産方式に転換していた。この生産方式の転換は組立作業の内製化であり，外注部分を減少させた可能性がある。

　以上見てきたようにこの時期における地域内大企業では，生産内容の変化や内製化，合理化などを進めることで国内生産を維持しようとしていたといえる。したがってこのような生産内容の変化や生産方法の変化は，地域内への組立需要を減少させるものであり，取引先企業へ変化をもたらすことになった。その影響は組立型企業に大きく現れたと考えられる。

（18）本章3（1）1）を参照。

2) 組立型企業の廃業

　この地域の組立型企業の多くは昭和40年代に創業されている。池田の調査[19] を見てみると，調査企業42社のうち32社，およそ8割近くの企業が昭和40年代の創業である。創業時の年齢は40歳台が多く，そこから推測すると1995年時には70歳台，2005年時には80歳台になる計算となる。それを踏まえて考えると，2004年まで事業所数の減少傾向が強く現れていたのは，組立型企業において事業継承されず，廃業がおこなわれた影響であると思われる。

　ただし事業承継されずに廃業がおこなわれるためには，地域内の組立需要についても考える必要がある。つまり地域内の組立需要が存在していれば事業継続の可能性も存在するからである。しかしながら前項で見たように，地域内への組立需要は減少していた可能性が高かった。つまり事業が継続されず廃業がおこなわれたのは，地域内の組立需要が減少したためであると考えられる。

　図表3-6をみると伊那市では，1992年から12年にかけて電機分野での事業所が半分近くにまで減少していた。これらが問題化しなかったのはこの時期，上伊那地域の製造品出荷額が増加していたことと，減少した企業が「倒産」というハードランディングではなく，「廃業」という形をとったためであると考えられる。この地域ではもともと住居や農地に工場を建てたケースが多い。注20でも述べているように，廃業後もそのまま住居として使用していたのである[20]。したがって地域内組立型企業の減少は，表面的には問題化せず静かに進行していたと考えられる。

(3) 加工型企業への転換可能性

　筆者がおこなった1993年調査と2015年調査を比較すると，調査対象企業に

---

(19) 池田（1982），pp.222-223.
(20) 筆者が以前調査をした企業のなかで，2015年調査時に回答をもらえなかった企業を訪問したところ，会社の看板は外され工場は稼働していなかった。しかしながらその場所で住まわれている形跡をみることができた。もともと自宅で開業し，廃業後，そのまま生活していると考えられる。

加工型企業が増えていたこと読み取れた。ここでは組立型企業の減少と加工型企業の増加の関係について考えてみたい。まず考える必要のあることは，組立型企業の加工型企業への転換である。もし転換が起きていれば，組立型企業が減少しつつ，加工型企業が代替すれば，地域内でのスムーズな転換が想起できる。筆者も当初はそう考えていた。しかしながら調査で業務内容を変えた企業を訪問してみると，それほど話は単純ではなく，多くの組立型企業が転換する可能性が低いことが分かった。

1）転換企業の事例

今回事例として取り上げるのは，第2章でも取り上げたHS電機である[21]。この企業は1993年の調査時，組立加工を中心とし，500名以上の従業員を抱えていた。しかしながら取引先の事業内容の変化に対応するため，数年前から組立中心の業態から加工型企業へ転換していた。その結果，現在では50名程度に規模を縮小し，組立作業も一部おこなってはいるものの，事業内容を機械加工中心に変えていたのである。

経営者の話を聞くと，機械加工への転換はそう簡単におこなえないことが分かる。まず設備投資の問題である。組立から加工への変更は設備が異なるため，新たな投資が必要であるとのことであった。また機器を導入したとしても，その習得には時間もかかること，要求される品質をクリアし管理するためにも，これまでとは異なる新たな努力が必要となることが多かったということである。

さらに労働者側にも問題が生じていた。これまで勤めていた従業員が作業内容の変更に対応できないという問題である。組立と加工では機械だけではなく，運用や管理，対応の仕方にも大きな相違がある。この相違に対応できない人も多く，その結果，退職される方も多かったと伺った。

つまり組立から加工への変更はできないわけはないが，従業員の再教育，設備等の変更などの問題も多く，それほど簡単には進められないということがこ

---

(21) 2015年調査に基づく。

の事例から分かる。

1993年調査と2015年調査とを比較して考えると，組立から加工中心に変化した企業は，当該企業のほか1社の合計2社しかなかった[22]。この事例と転換企業数から見ると，組立から加工への転換は容易ではないことが見て取れる。

以上のように組立型企業から加工型企業への転換は不可能ではないにしろ，この地域ではほとんど見られず，加工型企業の増加は組立型企業の転換以外の要因を考える必要がある。

2）諏訪地域からの流入

それでは組立からの転換以外に，加工企業が増加する方法にはどのようなものがあるか検討してみよう。調査からわかることでは，加工型企業の多くは，上伊那地域でも諏訪に近い辰野町，箕輪町に多いことに気づく。このことは何を意味しているのであろうか。それは創業時期や経緯を見てみるとわかる。これらの企業には諏訪地域での操業環境の悪化や需要の関係から上伊那地域に移転・流入しているケースが多く見られたのである。

まず高度成長期における諏訪からの企業の流入を考えてみよう。高度成長期にかけて諏訪や関東から大企業が移転してきた。この時に需要獲得や大企業からの要請で関係企業も一緒にやってきているケースが見られる[23]。

①企業のケース

今回取り上げている事例企業SE社は，1974年に上伊那（箕輪町）へやってきている。同社の場合は諏訪での操業環境の悪化と需要の増加，さらに受け入れ側の箕輪町からの要望などがあり，箕輪町に工場を設立したのである。

　　電電公社の下請をしていた諏訪の親会社で，組立作業が増えてきた。当

---

(22) 残りの1社においても1994年の時から加工もおこなっていた企業であった。
(23) 粂野（1994）参照。

時，諏訪の賃金が高騰していたこと，工場を大きくするにも地代も上昇していたため，組立をするために上伊那方面で土地を探していた。その時に箕輪町から土地の紹介を受け，それでこちらに工場を創設した。その後，親会社から独立し，板金加工を始めることになる（2014年のヒアリング調査に基づく）。

　この事例のように高度成長期やそれ以降，何らかの要因で諏訪地域から流入してきた加工型企業が一定程度存在している。これらの加工型企業は総じて，創業当初は諏訪地域の企業の需要に対応していたため，距離的に近い，辰野町や箕輪町に移転・操業しているケースが多い。

　また当時，この地域では工業化を進めるために誘致政策や工業団地を地域内に設立している。もちろん伊那市もこれらの政策をおこなっているが，取引先が諏訪地域であることを考えると，より近い辰野町や箕輪町へ，加工企業が多く流入・移転したことは想像に難くない。

②労働者のケース

　さらに労働者の移動を考えると，より一層，移転してきた理由が分かる。箕輪町の北西部では，高度成長期に民間デベロッパーにより宅地開発がなされている。もともとこの地域は耕作地であったが，土地も耕作地に向かず，地域の農民が宅地化の許可を求めて陳情していた[24]。それを町は受け入れ，箕輪町の北西部の一部の地域は宅地化がなされたのである。

　また高度成長期の開発ブームと諏訪地域における地価の高騰から，諏訪地域で土地を探していた労働者などが移住してくるケースが多くみられた[25]。上伊

---

[24]　千村（1979）.

[25]　『箕輪町北小学校独立開校30周年記念誌』には「七.児童の急増に伴う校舎増築」という内容で，北西部にできた住宅地により児童が急増したことが述べられている。1974年には7クラスであったのが1978年には13クラスと倍になっていることがわかる。

那地域は諏訪地域の地価よりも相当安く，諏訪地域で働く労働者も購入可能であった。また自家用車を使えば，勤め先である諏訪地域に1時間程度で通える範囲でもあったため，当該地域に通う労働者の住居が建つようになったのである。

　今回の事例企業で取り上げている企業の中にも，この流れで上伊那地域にやってきたケースも存在する。前述したFJ社であるが，創業者はもともと岡谷の企業の社宅に住んでいたが，1979年に箕輪町に引っ越している。当初は箕輪町から岡谷へ通っていたが，平成2年に箕輪町で開業した。つまり諏訪地域で働き，技術を習得したうえで，上伊那地域で独立創業したのである。

　このように高度成長期から1980年代までの，諏訪地域における操業環境の悪化や地価の高騰により，企業や労働者が諏訪地域から押し出される要因が出てきた。つまり諏訪地域からの「染み出し」といえる。その一方で，当時進められていた道路網などのインフラ整備により，上伊那地域の北部は諏訪地域への通勤圏となり，この地域から通う人も多くなった。もともとこの地域から諏訪地域へ通勤していた人は多かったと考えられるが，諏訪地域からこちらの地域へ移転してくるという動きは，諏訪地域と上伊那地域をより強く結びつける要因となった。

③1980年代以降における加工型企業の増加

　その後，大企業の生産変動などからのスピンアウト組や加工企業からの独立創業等が重なり，加工型企業が1980年代以降増加している。もともと辰野町にはIHIの辰野事業所があり，機械加工をおこなう下請企業が以前から存在していた。これらの企業は，距離的に近い岡谷市などとのかかわりが強かった。そこに1980年代以降の操業環境の悪化による企業移転が加わったのである。先に述べたように伊那市の中心よりも箕輪町や南箕輪村など周辺地域のほうが地価も安く，独立しやすかったこともこれらの動きを促進した要因の一つといえよう。さらに勤めていた諏訪地域からの加工需要も存在し，距離的に近い辰

野，箕輪に開業したものが多い[26]。それらの企業がその後，諏訪地域からの需要が減少するとともに，地域外からの需要を獲得するようになっていったと考えられる。

　　YO社は40年前に，経営者の父親が岡谷で創業した。もともと父親は岡谷の精密加工会社で工場長をしており，研磨の仕事をしていた。研磨は外注が多いので自分で始めるなら研磨の会社だと思って独立した。取引先であるヤマト製作所の辰野工場があり，岡谷から辰野まで毎日納品するのに時間（2時間）がかかっていた。そのため35年前に辰野町の隣である箕輪町に移転した。機械部品の研磨は売り上げの50％を占めており，諏訪や岡谷の会社が多く，残りは箕輪町内である。町内の取引先は3社で30％ほどである。これらは機械部品の仕事である。その他，下諏訪の企業が10％，他には新潟や京都もあり，両社とも5％ほどある。ここで仕事を始めたのも，諏訪や岡谷の仕事が増えてきたからという理由もあり，現在でも諏訪や岡谷からの仕事が多い（2015年のヒアリング調査に基づく）。

　　YO社のように，もともと諏訪地域で開業し，その後，上伊那地域へ移転してきたが，取引先は依然として諏訪地域である企業は多い。その後，取引先地域を拡大しながら，現在まで加工を続ける企業が，辰野町から箕輪町，南箕輪村に多く存在している。

（4）諏訪地域の拡大？

　諏訪地域の操業環境の悪化や地代の値上がりによる労働者や企業の移動は，「諏訪地域の拡大」と捉えられることが多い。現在の状況は諏訪地域の拡大といってよいのであろうか。筆者はそのようには考えていない。それは諏訪からの移動があったにせよ，それを受け入れる地域がある程度，企業や労働者の必

---

(26)　粂野（2015）.

要とする要件，事業環境や労働者の水準などの要件を満たしてはじめて移動や移転が可能になると考えている。つまり上伊那地域にそのような要件がそろっていたため可能になったのであり，一方的な諏訪地域の拡大とは異なると考えている。

1）上伊那地域企業の変化

前提として上伊那地域企業の変化があげられる。筆者がはじめて上伊那地域を訪れたのは，大学院生の時であり1990年代はじめのころであった。当時は諏訪地域からの発注をこなす，いわば諏訪地域の下請をおこなう企業が集積している地域としてとらえていた[27]。しかしながら2000年以降，諏訪地域と上伊那地域の関係が大きく変化した。それらは道路の整備や高速道路などインフラ整備等の影響もあるが，上伊那地域企業の変化によるところも大きいと思われる。

上伊那地域企業の変化とは，具体的には，技術や経営力など地域内企業のレベルアップである。以前のように単に下請をするだけで受注を獲得できた時代ではない。特に地域外からの需要を獲得することは簡単ではない。それを可能にしたのは，第2章で見てきたように専属的な取引関係を踏まえ，技術的・経営的に進歩した地域内企業である。組立型企業であっても加工型企業であっても専属的な取引関係のなかで技術力や経営力の向上を果たした地域内企業は，1990年代後半から地域内大企業の需要減少による影響を受ける。需要減少の動きに対し，行動の規範となったのは諏訪地域からの移転企業である。諏訪地域ではすでに1980年代から需要減少の影響を受け，関東や他地域からの需要を獲得していた。それらを経験してきた企業が，上伊那地域に移転・流入することで，上伊那地域の企業は，地域外取引のノウハウを得ることになる。つまり諏訪地域との関係のなかで鍛えられてきた加工企業と取引関係を持つことや，同じ地域の商工会に参加することで，上伊那地域の経営者は，諏訪地域企

---

(27) 粂野（1994）.

100

業の情報やノウハウを入手することができ，結果として地域企業のレベルアップがおこなわれたのである[28]。

2）異なる地域で生じた企業活動

　1980年代後半以降，組立型企業の減少と加工型企業の増加が，同時期に地域内に起こっていたといえる。ただし同じ上伊那地域であっても，場所が異なっていることに留意する必要がある。つまり戦前，戦後すぐから高度成長期にかけては伊那市を中心とする地域に，電子部品の産地として集積が形成された。それはKOAを中心とする企業が伊那市を中心に興ったからである。その後，諏訪地域や関東圏からの大企業の進出によって，組立型の集積が形成された[29]。

　また加工型企業集積に関しては，前述したように，諏訪地域からの影響が強く，上伊那地域でも諏訪地域に近い辰野町，箕輪町を中心とする地域であった。これは諏訪・岡谷地域からの需要の存在が，その後の企業地域を規定しており，2000年以降も諏訪との取引をおこなっていることからもその影響がわかる。そして労働者についても箕輪町の北西部での宅地化に見られるように，上伊那地域において，諏訪寄りの地域においては諏訪との関係性の中で発展してきたのである。つまり上伊那地域といえども地域内に相違があり，経済活動の中でそれぞれの影響のもとで発展してきた。それらが行政単位において上伊那地域としてくくられ，今日まで発展してきたのである。

　諏訪地域から影響を受けつつ構築された関係の中で企業や経営者，労働者がレベルアップした結果，諏訪・上伊那が集積地としての結びつきが強まり，諏訪・上伊那地域全体として，地域外から受注できる加工型企業が存在する集積地になった。諏訪だけでも上伊那だけでも存立は難しいであろう。両地域が連携を取ることで，この地域は日本における試作から組立，最終調整，メインテ

---

(28) 地域企業のレベルアップについては，第4章3（3）を参照のこと。
(29) 電子部品の産地，組立型集積の形成については，第5章を参照。

ナンスまでをおこなえる地域，つまり国内における最終生産をおこなえる地域の一つとなったのである。

まとめにかえて

　最後に，上伊那地域の加工型企業に焦点を当て，これらの企業がどのように存立し，現在まで維持・増加してきたのか，その背景を探ることでまとめとしたい。

　本格的に加工型企業が地域で興ったのは，諏訪地域からの大企業の移転とそれに伴う加工企業の流入である[30]。高度成長期以降，諏訪地域に生じた生産拡大と操業環境の悪化が，大企業移転と協力企業の移転を招いていた。その後，1980年代以降に生じた大企業の生産内容転換が，地域中小企業への労働者移転や独立創業をもたらした。

　同時に労働者の移動と転換もこの時期に起こった。高度成長期の後半，諏訪からの労働者が上伊那の北西部に住居を構え諏訪へ通勤しはじめた。その後，上伊那で加工企業として開業する。これらの企業は，独立当初は，諏訪の企業と取引をおこなっていた。このような動きが高度成長期以降，上伊那地域の北側で生じ，地域に加工企業群を叢生させたのである。2000年以降，組立型企業群は激減したが，一部の協力企業には組立部門が残っており，諏訪・上伊那地域は大規模完成品メーカーにとって国内における最終生産拠点ともいうべき地域になっている。

　もう一つ考えなければならない問題がある。それは組立型企業群の消滅である。伊那市を中心に高度成長期初期に興った組立型企業群は，最終的に1990年代後半まで存在し続けた。しかしながら2000年以降の海外生産化の進展で急激に減少したが，その点については大きく取り上げられることはなかった。

---

(30) もちろん疎開企業である石川島播磨（現IHIエアロマニュファクチャリング）など機械加工が多い企業も現存し，地域への与える影響は小さくないとおもわれる。

　それはなぜであろうか。筆者は，上伊那地域の組立型企業は倒産のようなハードランディングではなく，廃業による「リタイヤ」が可能となったからであると考えている。さらにその背景には，農村工業化をきっかけとして組立型企業がスタートしたことにも要因があると思われる。つまりこの地域では兼業農家が組立型の事業を始めたり，宮田方式[31]とよばれる兼業農家を地域で支える仕組みが存在していた。その結果，農地を手放さずに事業を続けることができたのである。また設備投資が加工型企業ほどかからない「組立」という業態も影響し，大きな負債を抱えることなく農業への再転換（帰還）が可能になったといえる。

　このように組立型中小企業群は，2000年以降，地域内大企業が海外生産化をすすめてゆく過程で企業活動から撤退し，農業活動へもどることで「軟着陸」したと思われる。その一方で，諏訪地域からの移転企業をルーツに持つ加工型企業群が，諏訪地域との関係を深めながら活発化し，地域の工業を担う役割を果たし始めたのである。

　以上のような動きが地域集積の中で起こることで，上伊那地域では「静かに」組立型企業群から加工型企業群への交代がおこなわれたのである。

---

(31) 星・山崎（2015）．

第4章

上伊那地域と諏訪地域の一体化

はじめに

　第2章では，1990年代までの上伊那地域集積の特徴として，組立をおこなう企業の集積地であること，すなわち「組立型集積」であることについて述べてきた。そして第3章では，それから20年以上経過し，特徴とされてきた組立型企業の減少が示された。一方で機械加工を中心におこなう加工型企業の比率が増加し，同時に諏訪地域とこれまで以上に密接な関係を持つようになった点を指摘した。この20年間に生じた国内経済環境変化の中で，上伊那地域と諏訪地域は互いに影響を受けながらも，1980年代後半以降，一体化する傾向が強くなってきたのである。本章ではこの期間に，なぜこのような変化が生じたのかについて検討する。

　あらかじめ結論を述べておくと，高度成長やオイルショック，海外生産化の進展など，様々な経済環境の変化とともに，上伊那地域は諏訪地域からの影響を強く受けてきた。これらの変化に地域内企業が対応した結果，今日の上伊那地域集積が形作られたといえる。それは単に諏訪地域からの影響だけではなく，それぞれの地域が抱える問題を解決するために相互に影響しあい，結果として諏訪地域と上伊那地域は一体化する方向で集積が変化したことで，これらの地域は今日まで存続してきたことを説明する。

1. 日本を取り巻く経済環境の変化

　1990年代後半以降，日本国内では海外への生産移転が急速に進展し，その動きは「産業空洞化」と呼ばれるほど急激なものであった。このような急速な

動きは日本国内の産業集積にも影響を与え，地域集積の再構築をもたらすこととなった。産業集積という視点から考えると，それは生産分業構造の「東アジア化」としてとらえることができる。「東アジア化」とは，日本を含む東アジア地域における分業関係の再構築である[1]。この東アジア大での動きの中で，日本各地の産業集積も再構築されることになった。1990年代初頭までは，海外生産化は拡大しつつも，日本国内における分業構造の中で各地域の産業集積は位置づけられてきた。しかしながら1990年代後半以降は，大都市の産業集積であるか地方都市の産業集積であるかにかかわらず，東アジア地域の中での位置づけを見直し，戦略を立てる必要が出てきたのである。

2. 「東アジア化」と産業集積の縮小

このような東アジア化の流れの中で，上伊那地域や諏訪地域の企業も，自社の位置付けを見直す必要が生まれてきた。この2つの地域は従来から海外生産化に対して相対的に早期から影響を受けた地域であった[2]。したがって諏訪・上伊那地域内企業の対応は，国内他地域に比べ早かったといえよう。

また第3章で取り上げたチノンの事例のように，海外生産化を進める中で，国内の生産拠点とのすみわけを進めていたものの，最終的には上伊那から撤退する企業も現れはじめていた。1990年代に入ると地域内に需要をもたらしていた他の地域内大企業も，生産拠点を見直したり生産規模を縮小するなどの行動をとるようになる。その結果，地域内大企業からの需要は大きく減少し，上伊那地域における組立型企業の減少・衰退がもたらされた。このことは同時に地域内の事業所の減少を引き起こし，結果として上伊那地域の集積が縮小する結果を招いた（図表1-10を参照）。

諏訪地域では上伊那地域よりも一足早く，1980年代から操業環境の悪化に

---

(1) 渡辺幸男（2011），p.5.
(2) KOAなど電子部品の生産において，1970年代にはすでに海外生産化がすすめられていた。詳しくは第2章を参照のこと。

より地域外への企業移転が起こっていた。その結果，上伊那地域よりも早く事業所数の減少と集積の縮小がもたらされていたのである[3]。

　この両地域における集積の縮小は，地域間に相互補完的な取引関係を増加させ，両地域間の関係を深化させた。その結果，両地域はより密接な関係となり，現在では一体となるような動きが見られるのである。従来の議論では上伊那地域の工業は，諏訪地域の拡大としてとらえられることが多かった[4]。しかしながら筆者は，そのように考えていない。単なる諏訪地域集積の拡大[5]ではなく，上伊那地域において工業化が進み，上伊那地域集積の拡大と重なり合ったうえでの，両地域の一体化としてとらえている。

　以下では，この二つの地域が一体化しつつあるとする根拠について検討する。

3. 一体化しつつある諏訪地域と上伊那地域[6]

　諏訪地域と上伊那地域。この隣接する行政地域が，生産をおこなう集積地域として一体化しつつあるとする根拠は何か。第一に，二つの地域内企業（経営者）が日常業務をおこなえる地域として，「諏訪・上伊那地域」を認識していることである。つまり諏訪・上伊那地域の企業にとっては，諏訪であろうと上伊那であろうと関係なく発注できる地域であると考えている点である。かつての「諏訪のたいら」[7]の拡大版といえる。

---

(3) 山口（2003）前掲書，p.793.
(4) 中央大学（1982），前掲書，p.160.
(5) 集積としては事業所数の減少がみられ規模として縮小しているが，集積の機能する範囲としては拡大しているという意味である。上伊那地域においても同様に，集積の範囲の拡大としてとらえている。
(6) ここで諏訪・上伊那地域としているが，基本的に上伊那地域であっても諏訪との連携が取れていると考えられるのは上伊那地域全体ではない。上伊那地域でも，諏訪地域から自動車を使用した場合，1時間半程度で移動できる伊那市・駒ヶ根市・辰野町・箕輪町・南箕輪村あたりまでを念頭においている。
(7) 「諏訪のたいら」とは，諏訪地域の経営者が日常業務を依頼している地域の範囲を，

第二に，二つの地域は，インフラの整備により一定時間内に自動車で往来できる範囲内に存在するようになった点である。現在では諏訪地域から上伊那地域に移動する場合，高速道を使用しなくとも自動車では岡谷から辰野，箕輪までは40分ほどであり，諏訪地域の東寄りの地域である茅野市から伊那市までは1時間半ほどで移動できる。つまり日常業務の受発注をおこなえる地域として成立する範囲となったのである。

　第三に，かつては農村工業地域とされてきた上伊那地域の中小企業が，高度成長期を経て諏訪地域企業の一般的な取引先企業として，対応が可能になる技術レベルまで発展したということである。もともと高度成長期の上伊那地域は，諏訪地域企業の組立部分をおこなう下請地域として存在していた。しかしながら，上伊那地域をけん引してきた大企業の交代や産業の変化により，地域内企業の技術レベルが向上し，単なる下請地域以上の役割を果たすようになったのである。

　第四に，二つの地域とも単独では存立できない地域になりつつあることである。後述するように諏訪地域は操業環境が悪化し，新たな工場建設が困難になってきていた。さらに事業所の減少も進み「諏訪のたいら」としての維持が困難になりつつある。一方，上伊那地域では海外生産化が進み，これまで地域を支えてきた組立需要が激減し，地域内需要だけでは企業の維持が難しくなってきた。両地域とも地域内の需要だけでは，地域内中小企業が存立できない状況になりつつあったのである。

　第五に，両地域における企業行動の「同質化」である。高度成長期初期においては，諏訪地域は長野でも有数の工業地域であり，上伊那地域は農業を基本とする農村工業地域といったように質の異なる地域であった。しかしながら諏訪地域の操業環境の悪化がすすみ，企業や労働者が地価の安い上伊那地域へ移転し始めた。その結果，両地域は密接にかかわりあい，経営方法や働き方に関

日常会話の中で呼称していたものである。通常は諏訪湖を中心にその周辺地域を指すものと考えられる。

する考え方が混ざり合うことで，いわば企業行動の同質化がすすみ，他地域からみれば「一つの地域」と見えるようになったのである。

　以下ではこの五つの点について事例を踏まえ検討する。

（1）日常業務をおこなえる地域

　地域内に存在する企業や経営者が，諏訪・上伊那地域をどのように認識しているかである。以下では諏訪地域と上伊那地域の企業が，日常業務[8]をどの地域に発注しているのかという視点から検討する。日常業務における取引関係を考える場合，企業規模と時期について分けて考える必要がある。戦後復興期と高度成長期以降では経済活動の規模や内容が異なるが，ここでは本書の対象から高度成長期以降に焦点を当て考えることにする。

1）諏訪・上伊那地域内大企業

　高度成長期以降，諏訪地域の大企業は組立作業を上伊那地域にある子会社や分工場に発注していたケースが多くみられた。また第2章でみたように，この時期に諏訪地域から上伊那地域へ進出した大企業も多い。これらの企業は諏訪地域に存在しているときは地域（諏訪）内へ発注し，移転後も上伊那地域で調達できないものは継続して諏訪地域に発注していたと考えられる。このことを踏まえて考えると，地域内大企業においては発注内容による発注先企業の違いはあるが，地域別に発注していたとは考えにくい[9]。つまり高度成長期以降，諏訪・上伊那地域の大企業にとっては，諏訪であろうと上伊那であろうと，地域に関係なく発注していたと考えられる。ただし，各大企業における生産内容の違いや産業上での位置づけ，生産内容の変化に伴い，両地域内においても発

---

(8) ここでの日常業務とは，生産活動をおこなう上で必要となる業務であり，生産にかかわる部材の調達や他社との分業関係，管理や生産設備にかかわる保守等などを念頭に置いている。企業においては製品の設計や開発などがある場合もある。

(9) 諏訪地域の京セラ（当時）は1993年当時，辰野町のEK電子に発注していた。一度，中間に諏訪の企業を介在させたが，仕様変更などのやり取り等から直接取引に変更されている（1993年のヒアリング調査に基づく）。

注する内容や量に違いがあり，地域への関わり方が時期ごとに異なっている[10]。しかしながら1990年代後半以降，すべての大企業が地域内への発注を大きく減少させていた点については，改めて考える必要がある。

2）上伊那地域の中小企業

　一方，経営資源が限られている中小企業の場合は，大企業とは状況が異なっている。以下では時期ごとに中小企業の事例を取り上げる[11]。
　現在の上伊那地域の状況を見てみよう。

　上伊那地域で平成4年に設立されたAL社[12] は，画像処理技術をもとに製品や部品を識別する装置を製造している企業である。現在，自社で生産している装置の一部や部品を諏訪地域に外注している。また諏訪地域や上伊那地域には三協精機出身の装置メーカーも多く，それらの企業から受注する場合も多いということである。両地域は自動車を使用すると40分ぐらいで移動できるため，受発注をおこなう地域としては，諏訪も伊那も関係なく一つの地域として見ているとのことであった（2023年のヒアリングに基づく）。

　ここで取り上げたAL社の例は特別ではない。2015年の調査では上伊那地域の中小企業において，諏訪・上伊那地域を一つの地域と考えている企業が多くみられた[13]。それでは以前の調査において上伊那地域の中小企業は，地域をどのようにとらえていたのであろうか。

---

(10) KOAやルビコンは1980年代には地域への発注する量を減少させている。三協精機の場合は1990年代後半以降減少させていた。これらの事象が地域内中小企業の取引先変化に結び付いている。

(11) ここでのヒアリング内容は，調査当時のものも含んでいる点に留意していただきたい。

(12) AL社については2015年調査で一度伺い調査をおこなっている。2023年の諏訪メッセに参加する際も，当日，上伊那にある自社から移動してきたとのことである。

(13) 詳しくは第3章を参照のこと。

1993年調査を見てみよう。

　組立作業をおこなうNK精密は，下諏訪にある三協精機の下請企業で，売り上げの8割を三協精機が占めている。三協精機と取引を始める以前は駒ケ根の企業や飯田の企業からの仕事もしていた。その後，三協精機は上伊那地域へも進出してきたが，仕事は継続して受注している。三協精機からの仕事のうち脇作業や検査部分を上伊那地域の企業や内職に発注している（1993年のヒアリング調査に基づく）。

事例企業のように諏訪地域の大企業や上伊那地域へ進出してきた大企業からの受注をこなす下請中小企業は，他の調査でも多く報告されている[14]。ただし自社からの再外注先としては諏訪地域ではなく上伊那地域の企業が多い。このように1993年時には上伊那地域内で下請加工を日常業務としておこなう企業は多数存在していたのである。

　同じく1993年調査において，諏訪地域から移転してきた加工企業を見てみよう。

　昭和40年に下諏訪で創業したTS製作所は，切削加工を中心とする企業である。昭和61年に箕輪町に移転し，複写機の部品と治具を生産している。現在は伊那の企業から東京のメーカーの部品を受注している。東京のメーカーが昨年から台湾で生産を始めたため，その影響で売り上げが60％ダウンした。内職は使用していないが，同業者や仕事仲間と仕事を分け合う繋がりがある。具体的には当社でフライス加工をおこない，他社で加工をおこなったものを当社でまとめて納品している。これらの仲間は以前仕事をしていた下諏訪，茅野，辰野，岡谷の知人，友人，義理の兄弟の企業である（1993年のヒアリング調査に基づく）。

---

(14) 池田正孝（1982）など。

事例企業のように諏訪地域，上伊那地域にかかわらず仕事をおこなうネットワークも，1993年の調査時に確認できた。ただし，これらは諏訪地域での繋がりを上伊那地域に移転したもので，技術に基づく繋がりというより量的な部分での仕事の融通と考えられる。しかしながら量的な部分をこなす繋がりであったとしても，日常業務をおこなう地域として諏訪・上伊那地域を活用している事例といえる。

　光学系の加工企業であるIN光器は，設立当初，オリンパス（伊那）の下請として顕微鏡生産をしていた。顕微鏡が5年ぐらいでなくなったためキャノンのVTR用のレンズの加工・組立をはじめる。生産量がふえてきたので岡谷にあった工場を購入し，下請企業として3年ぐらい生産していた。その後，ヤシカのズーム用レンズや，フロッピーディスク用のモーターを組み立てることになった。これも5年でなくなったため岡谷の工場を売却した。再外注は松本から諏訪の地域に13社ほどある。内職は伊那市に4件ほどある（1993年のヒアリング調査に基づく）。

　このIN光器の事例でもわかるように，1993年時点において岡谷市の工場を購入したり，上伊那地域から諏訪や松本へ発注している。つまりこの企業は諏訪・上伊那地域を，意識しているかどうかは別として，日常業務をおこなえる地域として活用している。このように1993年時点においてすでに，諏訪・上伊那地域を一つの地域としてみなす企業が存在しており，上伊那地域が単なる下請地域から変わりつつある様子がうかがえる。

　続いて2015年調査を見てみよう。

　自動車部品加工を受注するAK精工は，岡谷からの受注が5割を占めている。そのほか須坂，飯田からも受注している。地域内にあるオリンパスなどの精密加工は，当社が得意とする加工範囲と異なるため受注していない。外

注先は上伊那地域企業が多い。諏訪地域の企業とは，加工する範囲の大きさが合わないので発注できないとのことであった（2015年のヒアリング調査に基づく）。

　また機械金属加工をおこなう従業員20名のNM機械は，創業当初は駒ケ根にある企業の仕事をしていた。その後，長野県の中小企業振興公社からの紹介で諏訪地域の企業との取引をおこない，現在でも継続して受注している。諏訪地域からの仕事が多いが，現在では岐阜から名古屋にかけての地域や，長野市からの仕事も受注している。自社の外注は，基本的に上伊那地域の企業が中心である（2015年のヒアリング調査に基づく）。

2015年度におこなった他の調査企業においても，受注先をみると諏訪・上伊那地域だけでなく，より広い範囲の地域から受注していることがわかる。第3章の付表3-1をみると，ほとんどの企業が諏訪・上伊那地域以外の地域から受注している。図表3-1は1993年調査との受注先地域の比較であるが，1993年時は上伊那地域外からの受注をおこなっているのは2社しかなかったが，それがこの20年の間で大きく変化したのである。

　調査年が後半になるほど，地域内企業はより広い範囲の地域から受注している。ただし広範囲から受注しているものの，受注比率でみると諏訪・上伊那地域からの比率は依然として高い。またこれら企業からの再外注先としては，上伊那地域内である比率が高いものの，諏訪地域への発注をおこなう企業が増えていた[15]。

　このように現在の上伊那地域は，関東圏や中部圏からも受注しており以前のような諏訪地域からの下請業務をこなすだけの地域ではなくなっていることが理解される。

---

(15) FJ社などは岡谷にいたときの関係でもあるが，諏訪地域に外注を依頼していた（2015年のヒアリング調査に基づく）。

3）諏訪地域の中小企業

それでは1993年調査における諏訪地域の中小企業を見てみよう。1963年に松本・諏訪地区が新産業都市に指定されて以降，諏訪地域では精密，電機機械産業の成長が著しく，様々な事業所が増加した。特に岡谷市ではこの動きが顕著であった。

　諏訪地域にあるKR精工は，もともとチノンに勤めていた経営者が，昭和45年にチノンのカメラの組立をおこなうために独立した企業である。創業当初はチノンのカメラやオリンパスのカメラの組立を受注していた。オリンパスからの仕事は塩尻にある会社を経由してくるものであったが，変動が大きいものであった。カメラの仕事がなくなるとモーターの巻き線加工の仕事をおこなった。発注元は諏訪地域の企業である。内職は同じ諏訪地域に20件ほどあり，加工の前工程を出している。納期が短いため諏訪地域内にしか依頼できない。取引先は5〜6年で変わっている（1993年のヒアリング調査に基づく）。

　このように1993年時点において諏訪地域にも専ら組立をおこなう企業が存在し，地域内の内職を活用していたのである。この企業は特別ではなく，このほかにも茅野市のMK精工など，調査先企業の中にも組立をおこなう企業が存在していた。このような需要が人件費の高騰した諏訪地域から，上伊那地域へ流れていくことは容易に想像できよう。

　また1970年代後半から1990年代に上伊那地域へ進出した企業の中には，先に取り上げたTS製作所など，もともと諏訪地域に存在していた中小企業も多く存在する。

　第3章の事例でも取り上げたSE社の事例を見てみたい。

　諏訪の親会社は電気設備の加工やトランスなどの組立をしていたが，組立作業などをおこなうための分工場を作る話になった。諏訪地域では地価も高

騰し，人件費も上昇しており，分工場を設立するための土地を探していた。仕事でのつながりのある箕輪町が候補としてあがってきた。昭和45年あたりで，諏訪と比べて人件費が7割，土地が1/10程度だったので移転を決めた（2015年のヒアリング調査に基づく）。

　事例からわかるように，諏訪地域では高度成長期における事業所数の増加が，賃金上昇や地価の高騰など操業環境の悪化をもたらし，地域外への工場拡散を招いていたのである。移転先地域を見ると，同じ「諏訪のたいら」である茅野市や富士見町など諏訪の周辺地域では事業所数が増えていた[16]。ただし小規模企業の多い岡谷市の場合，隣接する上伊那地域でも北東部にある辰野町や箕輪町へ移転する企業が多かった。なぜならば岡谷市の加工企業は小規模なものが多く，茅野方面よりも地価が安く移動時間の短い辰野町や箕輪町のほうが，利便性が高いと考えていた経営者が多かったからである[17]。第3章でも事例企業として取り上げたYO社は，諏訪で操業しているときの取引先が辰野にあり，納品するのに2時間ほどかかるため距離の近い箕輪町に移転している。移転は移動時間の短縮と創設する工場の広さ（土地の安さ）等も関係しているとのことであった[18]。

　以上の事から諏訪地域と上伊那地域の中小企業は，それぞれの地域内だけで日常業務をおこなっているわけではなく，もともとある程度の関係が存在していた。そこに諏訪地域での操業環境の悪化が上伊那地域への企業移転を招き，両地域の関係が深化していったのである。

（2）二地域間の距離─自動車で往来できる地域

　集積の範囲を考える場合，地域内での移動時間が重要となる。もともと諏訪地域と上伊那地域は隣接している地域であった。しかしながら両地域の間には

---

(16)　山口（2003）前掲書，p.794.
(17)　事例企業として取り上げたTS製作所や調査企業のYO社などが該当する。
(18)　2015年のヒアリング調査に基づく。

峠や河川など，往来を妨げる地理的な要因が存在していた。それらがインフラの整備により，両地域間の移動時間の短縮がもたらされると二地域間の状況は変化していった。

1) インフラの整備と地価格差の存在

　伊那市までの中央自動車道は1981年に完成するが，高速道路だけでなく1960年代後半以降，両地域間をむすぶ道路が整備される。一般国道や県道，農業道路等の整備がおこなわれ，両地域間の移動時間が短縮した[19]。自動車を使用した場合，1時間前後で諏訪地域と上伊那地域は移動できるようになったのである。このようにインフラ整備により，この二つの地域は物理的な距離が縮まり，互いに日常業務を発注することが可能な地域として成立する範囲となったといえる。

　インフラ整備による自動車移動の利便性向上とともに注目すべき点として，諏訪地域と上伊那地域間にみられる地価格差の存在である。SE社の事例でも述べられているように，1965〜70年の時期において，上伊那地域の地価（箕輪町周辺）は諏訪地域よりも安価であった[20]。この二つの地域における地価の格差とインフラ整備による移動時間の短縮は，次項で説明する労働者の移転や企業の進出・移転をもたらすことになる。

2) 労働者の移転

　高度成長期における国内機械工業の発展や1963年における松本・諏訪地域の新産業都市の指定，さらに中央自動車道の開通予定が，諏訪地域における地

---

(19) 上伊那市史編纂会（1967）『長野県上伊那誌 第三巻 現代社会編』には国道153号線（名古屋・塩尻線）の道路整備状況が記されている。pp.790-802.

(20) 「七八年当時の工業用地の地価は，㎡当たり岡谷市が四．八六万円，辰野町が二．二一万円と他地域より相当高い状況であった。」（山口（2003）前掲書，p.797）これは住宅地の価格ではないが，当時の工場用地においても岡谷市が他の地域よりも高いことが確認できる。なお参考のため長野のおこなっている「地価調査」の資料を図表4-1としてあげておく。

図表4-1　参考：岡谷市・伊那市の「準工業地」価格比較

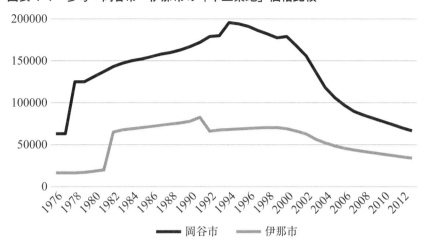

注）「地価調査」は国土利用計画法施行令第9条に基づき，長野県がおこなっている調査である。
　　価格は各地域に設けられている各基準地についての，1平方メートルあたりの標準価格の平均である。ここでは岡谷市と伊那市の準工業地の価格の平均を比較している。
　　ただしその対象となる基準地は変更されることもあり，年度ごとに異なっているため，正確な比較とは言えず，あくまでも参考として載せている。なお2012年以降，準工業地の調査はおこなわれていない。
出所）「統計ステーションながの」HPより。
　　ここでのデータは，長野県 企画振興部 総合政策課 土地対策係より提供を受けたものである。
　　このデータの使用に関しての責任は筆者にあることを述べておく。

価の高騰を招いた。その上，企業活動の活発化による賃金の上昇は，地域内大企業だけでなく中小企業や地域で働く人たちへも影響を与えた。その一つが労働者の移動である。2015年におこなったM商工会で伺った話であるが，岡谷市での地価の高騰により，隣接する辰野町や箕輪町へ労働者の移動が生じていることを示している[21]。

　　岡谷で坪30万くらいだった時に，10分の1，いや10分の1よりも安かっ

――――――――――――

(21) 山口（2003）でも同様の記載がある。山口（2003）前掲書，p.803.

たと思います。当時，住宅向けの融資もふえて，住宅資金を借りれるように
なり，課長クラスの人たちが来た訳です。それで口コミで「安くて家が建つ
ぞ」，「一戸建ての家が手に入る」という事が知れ渡ったんです。だからこっ
ちへみんな移って来るようになったんですが，会社は相変わらず諏訪にあ
る。通勤に使う道が大渋滞で，それがどんどんひどくなった。結局そうなっ
てくると地元にも勤める所がありそうだって事になり，会社辞めてこっちに
勤めてしまう。岡谷の会社や諏訪の会社は，そうなると従業員がみんないな
くなってしまうかもしれない，とみんな工場をこっちでどんどん出す事にな
るんです（2015年のヒアリング調査に基づく）。

このケースは一見すると，特異な場合のように伺える。しかしながら少なく
とも地価の格差の存在やインフラ整備による移動時間の短縮などの条件が重な
れば，集積間における労働者の移動もあり得ない事ではないということが読み
取れる。

3）大企業の進出・移転
　移動時間の短縮は，労働者の移動だけでなく企業の進出や移転をもたらし
た。諏訪地域からの大企業の進出・移転については第2章でも述べているが，
高度成長期前後には，エプソン（1959年，箕輪町），チノン（1970年，伊那
市）や三協精機（1972年，伊那市）など，その後，上伊那地域をけん引する
大企業が進出・移転してきた。その後もエプソン（1980年，箕輪町），オリン
パス（1981年，辰野町）などが地域内に進出することで，上伊那地域は県内
でも有数の工業地域として発展していったのである。

4）中小企業の進出・移転
　企業移転は大企業だけでなく，中小企業においてもおこなわれていた。「岡
谷市を例にとると他地域への転出は既に六〇年代から始まり，七一年以降は毎
年一〇件を超す状況となり，七六年には二四件を数えた。岡谷市の工場数と従

業員のピークは七二年であった」[22] というように，諏訪地域からの移転は，諏訪地域集積の縮小をもたらす結果となった。

　一方，土地に余裕のあった上伊那地域は，諏訪地域からの進出を受け入れると同時に，地域内に下請企業を増やしていった。諏訪地域からの影響を受けながら上伊那地域の産業は発展し，1960年代後半から諏訪地域の下請地域として存立することとなったのである。

　このように距離の近い二つの地域は，インフラ整備を前提として諏訪地域の操業環境の悪化などが影響し，労働者や企業の移転などが生じたことで関係性を強くしていった。当初は諏訪地域からの影響が強く現れていたが，1990年代後半からの国内生産構造の変化とともに，両地域の関係も変化してゆくのである。

（3）発注側大企業の交代と中小企業の技術力向上
1）発注側大企業の交代

　上伊那地域への大企業の進出や移転は，地域をけん引する大企業の交代や産業の変化を地域にもたらした。この地域は戦後から高度成長期にかけて電子部品の産地となり，その後は電気機械産業，精密機械産業が台頭してくる。この変化は地域をけん引する企業の交代と深く係わっている。

　これら地域内大企業の大半は，今日でも上伊那地域で生産を続けている。しかしながら現在は多くの地域内企業と取引関係を結んでいるわけではない。つまり地域内に影響を及ぼしていた期間は企業によって異なっており，生産内容も変化しているのである。前述したように，戦後，地域をけん引してきた大企業は，生産内容の変化に伴い地域内への発注は減少させている。たとえばKOAであるが，今日では生産部門の協力企業はほとんど無いということであった。

（22）山口（2003）前掲書，p.797.

KOAではもともと独立を奨励していたこともあり，昭和30年代には地域内に協力工場を数多く増やしていった。しかしながら1985年のプラザ合意やその後の円高不況など数々の危機の中で，KOAは大量生産品から特殊品の少量生産へとシフトさせていった。同時に生産方式を見直し，外注を使用した生産方式から社内生産へと切り替えていった。現在では輸出が6割であるがその7割を国内生産で賄っている。海外で生産して利益を出すのではなく，国内で生産して利益を出す生産方法（KPS：コーアプロフィットシステム）に変化させてきたのである（2014年のヒアリング調査に基づく）。

　同時期に地域の中核を担ってきた電子部品メーカーのルビコンでも，自社工場の生産を維持しつつも地域の外注はほとんど無くなったということである[23]。

　このように地域の大企業は，第2章でみたように需要を地域内にもたらし，地域の中小企業を協力企業として編成しつつ生産をおこなっていった。そのことで地域中小企業は大企業の指導を受けるなど，技術力を向上させつつ発展してゆくことが可能になった。これら大企業は設立から10～20年程は地域に協力企業を増やすなどの拡大基調をとる。しかしその後，生産内容の変化などで協力企業を減少させつつ成熟期に入り，安定するという行動パターンが地域大企業に多く見られる特徴である。このような大企業が，異なった時期に上伊那地域へ移転してきたことが，1990年代初頭までおこなわれた結果，地域内に一定の組立需要をもたらし，地域企業の発展を下支えしたと考えられる（第2章及び付表2-1を参照）。

2）発注側大企業の交代による技術力への影響

　発注側大企業の交代は地域内中小企業にも影響を与えた。以下では親企業の交代やけん引する産業の変化が，中小企業の技術力にどのような影響を与えた

---

(23) 2014年のヒアリング調査に基づく。

のか見てみよう。

　辰野町にある従業員20名のEK電子は，プリント基板への挿入加工をおこなう企業として昭和48年に設立される。独立時はアッセンブリーをおこなう企業としてスタートした。当時の取引先はエプソンであった。その後，チノンからカーステレオや8ミリカメラの組立を受注するが，チノンが債務超過に陥ったため仕事がなくなった。その後，振興公社が京セラの仕事の話を当社へもってきた。京セラの九州工場で生産していたファックスを，旧ヤシカの岡谷工場へ移管するということでPC板の下請企業を探していたのである。当初は諏訪の企業経由で仕事が来ていたが，これまでの経験や当社の持つハンダ技術が評価され，直接取引をおこなうようになった。ハンダについては作業手順（マニュアル化）できないしメーカーごとに基準が違う。高度なものには熟練技術が必要である。自社でハンダロボット（自動機）を専用機化している。生産は人の方が早いが，新人や素人でもできるために量産用に調整し生産している（1993年のヒアリング調査に基づく）。

　このEK電子のように，設立当初はエプソンから部品のアッセンブリーや組立技術を学び，その後，チノンから作業に必要となるハンダ技術を獲得し，それを他社の生産へと応用している。組立やアッセンブリー工程については，技術を低く評価しがちであるが，試作や短納期生産などの状況において必ず必要とされる部分である。この事例は，企業交代により組立部分において必要とされる様々な技術を，他社との取引に応用する「アレンジ能力」[24]として獲得し，その結果，他社からの受注獲得に結び付けたものといえる。

---

(24)　アレンジ能力については終章を参照のこと。また親企業の交代が下請企業の技術力を向上させる点については岸本・粂野（2014），p.198を参照のこと。

3) 発注側企業の交代と経営力の向上

　地域内における組立企業の競争を前提として，発注側企業の交代や中核産業の変化は，受注企業側に技術の向上をもたらすと同時に，事業転換や特定産業からの転身を可能にさせた。つまり発注側企業の需要減少など外部環境の変化がもたらす事象に対し，地域内の中小企業は自社の持つ中核的な技能や技術を見直し，どのように対応するかを考えざるを得ない状況であった。これらの変化へ何度となく対応することで，結果としてではあるが，経営を維持している企業は技術力と経営力を身に着けることができた（身につけざるを得なかった）と考えられる[25]。その結果，下請企業でありながら，取引先大企業を選別し，関連する産業を転換させる事例も存在する。

　第2章でも紹介したIT電産は，NECの技術指導をうけ主力協力工場となり協力会の会長にまでなる。しかし1987年にテレビ生産が海外へ移転されたのを見て危機感を持ちNECの下請企業をやめる。それまでの設備を廃棄し中古の機械を入れ，自動車部品の下請へと転換した。NECで使用していたラインを改善し，取引先部品メーカーからの指導を受け，ラインでの多能工化を実現させたのである（1993年の調査を要約）。

　このケースが示すことは，地域内に抵抗器生産企業が多く競争が激しい中で，技術的には複雑な基板組み立てへと転換することで差別化を図り，企業成長を可能にしたという点である。さらにそれだけにとどまらず，その後，当時の発注側企業であったNEC長野の海外生産化を見てNECへの危機感を抱き，自動車部品産業へと転換を図ることで企業を維持し続けた[26]。つまり経営者は下請企業であったにもかかわらず，親企業を選別し，その結果，新たな産業へ進出している。これは様々な条件の中で下請企業という道を選択し，取引関係

（25）もちろん地域内には対応できずに苦戦している企業も存在する。1993年調査時にNEC長野の専属下請をしていたK電機は，2015年調査時点で，連絡が取れなくなっていた。

（26）IT電産の経営者が予測したように長野日本電気は2019年に地域から撤退している。

図表４-２　発注側企業・産業の交代と技術力・経営力の向上

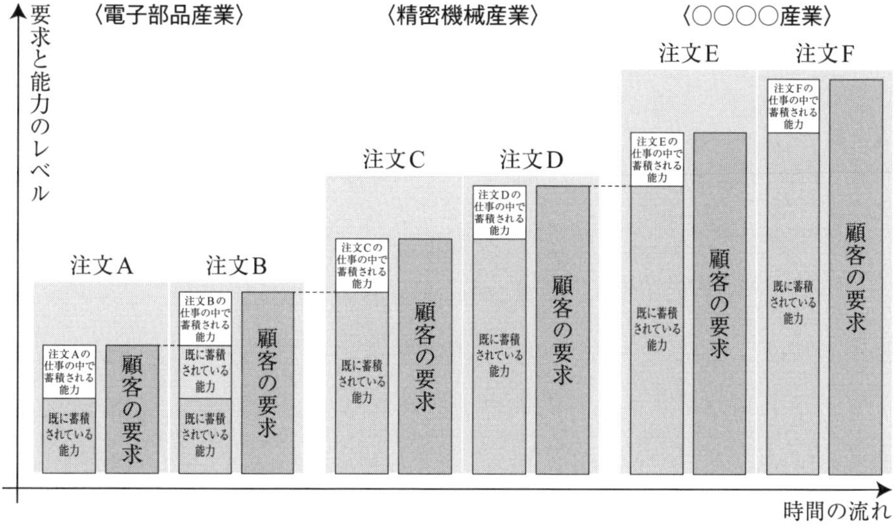

出所）岸本・粂野（2014），p.267をもとに筆者が作成した

の中で経営者が技術力や経営力を身につけ，戦略的に新たな事業へと転換することができた事例といえる（図表4-2参照）。

このような大企業の変化や中核産業の交代による影響は，特定企業にのみ影響を与えたわけではない。地域内の取引先企業は現在でも数多く存在しており(27)，地域内大企業の変化は多くの地域企業へ同様の影響を与えていたと考えられる。変化によってもたらされる技術力と経営力の向上は，この変化に対応できた企業にのみ与えられる。経営を存続できた企業が多くなるほど地域内企業の技術力・経営力の底上げへと結びつき，結果として技術力と経営力の向上が，上伊那地域集積全体にもたらされたと考えられる。

(27) たとえばオリンパスでは，1990年ごろ地域内に300社の協力企業が存在したが，2000年ごろには100社程度にまで減少したのである（2014年のヒアリング調査に基づく）。逆に言えば，2014年でも100社程度は存在していたといえる。

（4）経済環境の変化とその影響

1）単独では存立できない地域に

1990年代後半から進み始めた東アジア化は，上伊那地域に需要をもたらしていた地域内大企業に大きな影響を与えた。国内生産を維持するために，生産拠点の統廃合や生産内容の変化，内製化や合理化などを進めたのである。このような地域内大企業における生産内容や生産方法の変化は，地域内への組立需要を減少させ，取引先企業へ大きな影響を与えた。その結果，地域の特徴であった組立型企業は急激に減少することになった。

一方，加工型企業は増加していたが，上伊那地域全体を見ると事象所数の減少と出荷額の減少は止まっていなかった。さらに1990年代後半以降，地域内に需要をもたらす大企業は移転してきておらず，以前のようなけん引企業の交代や新たな産業による需要の拡大はおこなわれていない。また諏訪地域においても操業環境が悪化し，2009年以降，製造品出荷額は横ばいとなっていた。つまり両地域とも従来の需要だけでは存立できない地域になりつつあったといえる。

2）両地域における企業行動の同質化

これまで述べてきたように，操業環境の悪化が進んだ諏訪地域から，企業や労働者が上伊那地域へ移転していた。上伊那地域は移転を受け入れ，その結果，両地域は密接にかかわりあうことになった。

前述したSE社では，上伊那で分工場を立ち上げた当初，募集をかけると農家の夫人や農業をやっていた夫婦がやってくるケースが多かった。そのような人々は機械を触るということをしていないので，諏訪の親企業へ電車で研修にいってもらった。機械をまず動かす。加工する。そこから手取り足取り教えてもらって，だいたい1ヶ月から2ヶ月，研修してもらった。工場で務めたことのある人が応募してくるようになったのは昭和50年代中頃以降である。このころから，辰野にある石川島や地域の企業から独立する企業が

増え，そこに勤めていた方が働きに来るようになった（2015年の調査に基づく）。

　諏訪から移転してきた企業に地元の人が勤めることは，地域の労働者に様々な影響を与えた。つまり移転企業に勤めることで，諏訪地域の経営方法や企業運営，労働者にとっては働き方や規範に「変化」をもたらすのである。以前は農業従事者であったとしても，企業に勤めることで，経営や工業に対する基本的な考え方を身に付ける。諏訪地域の経営者と関係を持つことで，企業経営に関する考え方，特に「起業家精神」について影響を受けることになる。当初は上伊那地域の経営者と諏訪地域の経営者は異なる考えを持っていたとしても[28]，同じ地域で，同じ企業で働くことで，考え方が混ざり合い，均一化し地域企業の「同質化」が進む。さらに世代が変われば「地域の規範」となり[29]，他からみれば同一の特徴を持つ「一つの地域」と捉えられるようになる[30]。

3）地域外受注の増加と独立創業

　企業経営の同質化を示す事例の一つとして考えられるのが「地域外受注」である。もともと上伊那地域の企業は，地域内大企業や下請企業からの受注が主な取引先であり，地域内での取引関係が主であった。それが2000年以降，地域外から受注する比率が高まっていたのである[31]。

　つまり諏訪・上伊那地域の中小企業は，地域外からも受注をおこない，当該

---

(28) 上伊那出身の経営者に話を聞くと，諏訪の経営者には「生き馬の目を抜く」人が多いという話を何度もうかがった。

(29) 上伊那のオリンパスやKOAに勤めている人たちには兼業農家の人が多く，田植えや収穫の時期になると交代で休暇を取ることは当然のことであった（2014年の調査に基づく）。

(30) 岐阜県にある大企業を調査したとき，外注先地域として中央道沿線の，飯田，駒ヶ根，伊那，諏訪を外注先地域としてあげていた。発注側企業からみると，これらの地域に差はなく，得意分野や輸送コスト，製品の大きさで振り分けているということであった。

(31) 第3章の図表3-1を参照のこと。

地域内へ外注する部分が多くなっていた。言い換えれば諏訪・上伊那地域内の企業は，地域内だけでなく他地域から需要を獲得し，諏訪・上伊那地域内の企業を活用し対応していたのである。このことは集積という視点から見るならば，地域内企業群が，従来の集積地域内で対応していた分業構造を拡大させ，諏訪・上伊那地域を一つの地域集積として活用していると見ることもできる。

　諏訪・上伊那地域を一体化させつつある要因の一つは，前述した諏訪からの移転企業や経営者とのかかわりにあると考えられる。もちろん地域内需要の減少が第一の要因であろう。しかしながらそのような状況になったとき「地域外の需要を獲得する」という行動をとることができたのは，移転企業や経営者からの影響があったことを見逃すことはできない。もともと諏訪地域では関東圏からの受注も多く，地域外受注は通常のことであった。このような考え方を持つ移転企業や経営者の行動様式が，上伊那地域経営者の行動に影響を与えたのである。

　さらに諏訪地域から移転してきた労働者には，独立創業を果たす人が多い[32]。これらの経営者の下で働くことや，商工会を通じて直接・間接的にかかわることにより，地域内労働者や企業経営者は，様々なことにチャレンジする「起業家精神」を学ぶことになる[33]。第3章で新たな動きとして指摘した自社製品企業の増加も，このような流れが前提にあると考えられる。

　これらの情報を共有するための組織として，地域の商工会の活動も見逃せない[34]。経営者同士のつながりにより様々な情報が共有され，さらに商工会連合会が県内や県外の情報をもたらし，地域企業内の情報の均一化をもたらすことで，地域外からの需要を獲得したり，新分野への進出などをおこなう企業が増えているのである。

---

(32)　事例企業として取り上げたFJ社や親企業から独立したSE社などである。
(33)　もともとKOAの創業者である向山氏は独立創業を支援していた。その考え方が地域の人々の根底にあり，そこへ諏訪からの経営者が加わることで，人口の割合に比べて独立創業にチャレンジする人が多く存在すると思われる。
(34)　M町商工会では諏訪出身の経営者が多く，諏訪メッセへの参加や，個別企業に関する様々な情報を共有していた。

まとめにかえて

（1）集積としての諏訪・上伊那地域

　筆者は諏訪地域の調査もこれまで何度もおこなってきた[35]。筆者が最初に調査を開始した1993年ごろは，諏訪の下請地域として上伊那地域は位置づけされていた[36]。しかし現在では上伊那地域企業も諏訪地域に発注したりするなど，諏訪・上伊那で双方向のやり取りが増加していた。同時に，関東圏や中部圏の発注側企業にとって，諏訪地域と上伊那地域を区別せずに発注しているケースが多かった[37]。このことは諏訪地域と上伊那地域が，集積として一体化し機能していることを意味する。つまり諏訪・上伊那集積として存立することで，関東圏や中部圏，関西圏からの需要を確保しているのである。

　この地域を，諏訪・上伊那地域として一つの集積としてとらえてみると，事業所数では県内第一位に，製造品出荷額では松本に次ぐ第二位の地域となる[38]。つまり県内でトップクラスの工業地域としてだけではなく国内でも有数の工業地域となり，地域外からの需要を獲得できる地域となりつつあることが理解できる。関東圏や中部圏などの大企業や専門メーカーからの需要に対して諏訪・上伊那地域として対応しているのである。たとえばオリンパスの場合，この地域内で内視鏡などの部品生産とメインテナンスをおこなっていた。外注先を減らしながらも，諏訪・上伊那地域の集積を活用して品質管理が厳しく納期の短い国内需要に対応していた。また自社製品企業であるRJ社やAL社は，国内向けの生産に対して，諏訪・上伊那地域の外注を活用し，変化変動の激し

---

(35)　岸本・粂野（2014）参照。

(36)　粂野（1994）参照。

(37)　注30の事例や調査企業であるメッキ加工をおこなうSN社は，広島の受注先からメッキ加工だけでなく，その後の組立・調整までを依頼されている。発注要因の一つとして，「この地域は小物が得意だから」ということで依頼されたということである（付表3-1参照）。

(38)　2016年の出荷額は上伊那地域が7329億，諏訪地域が5516億，合計すると12845億となり，長野地域の11285億を抜き，県内第二位になる。図表1-1を参照。

い国内需要に対応していた[39]。まさに諏訪・上伊那地域は国内最終生産拠点の一つとして機能しているといえよう。

（2） 東アジア化における諏訪・上伊那地域

このような諏訪・上伊那地域であるが，2000年代以降，東アジア化のなかでの位置づけを考える必要があろう。つまり国内需要だけでなく，諏訪・上伊那地域として海外需要へどのように対応しているのかを考える必要がある。事例企業として取り上げたSE社は，パナソニックで生産している中国向けの半導体製造装置のケースを作成していた[40]。つまり間接的に海外向けの需要に対応しているのである。海外に事業所を持ち海外需要に対応している企業としては，専門装置メーカーや設備機器メーカーが考えられる[41]。これらの専門メーカーには話を伺うことはできなかったが，外注先として受注している企業には話を伺うことができた。つまり海外向けに生産している専門設備機器メーカーが，諏訪・上伊那地域内に本社や開発拠点を置き，地域集積を活用し生産しているのである。

（3） 自立しつつある諏訪・上伊那集積

国内需要と海外需要，質の異なる2つの需要に，諏訪・上伊那地域として対応できるようになったことは，この地域が東アジア化のなかで，独自な地域として存立していることを示している。つまり2000年以前は，エプソンやオリンパスなど大企業経由の需要や，関東圏の企業経由の需要をこなす地域であった。しかしながら2000年以降は，諏訪・上伊那地域集積として，様々な国内需要や海外需要に直接対応できるような部分が増えていたのである。このことは諏訪・上伊那地域が，国内だけでなく海外からの需要も獲得が可能となり，

---

(39) 第3章参照のこと。
(40) 2015年のヒアリング調査に基づく。
(41) 諏訪・上伊那地域には，ハーモやPISCOなど，この地域に本社を持つ機械設備機器メーカーが数多くある。

独自に存立できる産業集積となりつつあることを示すものである。

第5章

上伊那地域における
集積の形成過程と従来の議論

はじめに

　本章では上伊那地域の集積がどのように形成されてきたのか，そしてこの地域がどのように議論されてきたのかを検討する[1]。前半では歴史的な資料を基に，戦中・戦後から高度成長期に焦点を当て，上伊那地域集積の形成過程を検討する。後半では上伊那地域がどのような視点から取り上げられてきたのか，従来の研究に焦点を当て整理をおこなう[2]。

1. 上伊那地域における工業の変遷

（1）戦前期の工業

　明治以降，上伊那地域においては繊維工業である製糸業が中心的な役割を果たし，諏訪に次ぐ生産量を誇ってきた。しかしその生産組織は対照的である。「諏訪においては製糸業は民営企業によって発展してきたが，これに対して上伊那の製糸業は「組合製糸」として発展してきた」のである[3]。上伊那地域の製糸工業は小規模であり，販路等の問題を抱えていたが，これらの問題を解決するため，「上伊那の七組合による連合会組織として龍水社が1914年に結成され」る。「龍水社の役割は生糸の標準を定め農家および製糸場に対して技術指導」をおこなうと同時に，製糸の一手販売をおこなうことであった。戦時中は

---

(1) 本章は粂野（2001）の一部を基に加筆修正したものである。
(2) 上伊那地域に関する研究は数多くある。しかしながら筆者の能力の限界もあり，ここでは工業化や集積に関するものに限定されていることを先に述べておく。
(3) 地域産業研究会（1987），p.11.

龍水社も解散を余儀なくされていたが，戦後再び内需の拡大と共に発展してゆく。そして「最盛期の1955年には龍水社だけで1096人の従業員をかかえ」[4]ていただけでなく，時計事業部をつくり（現リズム株式会社）上伊那地域の工業の発展に貢献してきたのである[5]。

　このように戦前の上伊那地域工業は，製糸業（繊維工業）を中心としたものであり，本格的な工業発展は，戦時中の疎開企業の出現まで待たねばならなかった。

(2) 戦中・戦後期の工業[6]

1) 戦中期における工業化

　戦前は繊維工業が中心であった上伊那地域であるが，工業化が促進されたのは第二次世界大戦中であり，戦争の影響により機械工業化が進められたと考えられる。つまり機械金属関連企業の疎開による工場移転と，戦争による軍需工業化の促進である。

　具体的に見てみよう。第二次世界大戦の勃発後，戦争の拡大に伴い，興亜電工株式会社（現KOA株式会社）が，1941年12月伊那市にある龍水社の製糸工場閉鎖の後を受けて伊那工場を設立した。当時は海軍監督工場の指定のもとにコンデンサーの制作をおこなったのである。1943年には航空機部品生産を目的に，石川島芝浦タービン株式会社（現株式公社IHIターボ）が辰野町へ強制疎開してきたが，これは旧片倉製糸株式会社との共同出資でおこなわれた。この工場は軍の管理下におかれ片倉製糸製糸場跡に工場を建設したものであ

(4) 地域産業研究会（1987），pp.11-13.
(5) 地域産業研究会では龍水社の役割を次のように述べられている。「第一に地域の養蚕農家を組織して，繭の生産から生糸の製造まで一貫して地域内でおこない，より多くの付加価値を地域内にとどめるシステムを作り上げた」，「第二に製糸工場および時計工場などにより農家の余剰労働力を吸収し，農村を母体としながら地域の工業化を進め」，「農業部門が主体になりながら地域の工業化を進めていくという独自のシステムが作られた」とする。同上，p.13.
(6) 上伊那誌編纂会（1967）『上伊那誌 第三巻 現代社会編』，pp.637-639.

る。

　1944年には光学兵器，特に工業用レンズの増産と疎開をかねて，高千穂製作所（現オリンパス工業）が伊那市に疎開してきた。ここでは龍水社から引き継いだ250余名の工員を東京で訓練を受けさせ就業させている[7]。その他，1943年にバネ生産の日本発條株式会社が，1945年には通信機器に使用される抵抗器生産のため帝国通信工業株式会社なども駒ヶ根市に疎開してきている。

　このように上伊那地域では戦時中に，繊維工場もしくは跡地での軍事工場の設立が進められ，機械金属関連産業の疎開企業を中心に，地元資本を巻き込みながら地域の工業化が進められた[8]。この工業化の進展が上伊那地域における戦後発展の基礎となってゆくのである。

2）戦後期の工業

　戦時中は軍需工業の進展により機械工業化が促進されたものの，終戦直後の時期は原材料や機材の不足等から，地域に豊富に存在した木材を使用する木工業が中心となって復興が進められた。

　図表5-1より戦前の1934年と戦後の1948年を比較してみると，工場数は1934年の総数が129であるのに対し，1948年には318へと2.5倍近くに増加している。従業員数においては600名近く増加し，生産高においては9倍強にもなっている。部門別の構成比を見ると，繊維工業は1934年時においては工場数で48.8％，従業員数では93.7％，生産高では82％と，戦前において上伊那地域では繊維工業が中心であったことがわかる。しかしながら1948年の数値を見ると，繊維は工場数で13.8％，従業員数で28.1％，生産高では36.1％となっている。生産高においては上伊那地域で最も高いものとなっているが，終戦直後の時期において工場数や従業員数では，木材及び木製品工業（以下，

---

(7)　伊那市史編纂委員会（1982）『伊那市史 現代編』，p.455.
(8)　「付加価値の高い精密工業の開拓には，戦後外地からの引揚げた多くの帰還者や女子労働者に働く場を提供し，明治・大正時代の製糸業に代わる農村工業化など幾つかの意義があった」とされる。伊那市史編纂委員会（1982），p.455.

図表5-1　上伊那地域工業の変貌

部門別	昭和9（1934）年 工場数		従業員数		生産高	
	実　数	百分比	実　数	百分比	実　数（円）	百分比
食 料 品 工 業	43	33.3	252	3.5	126,451	1.3
繊 　維 　工 　業	63	48.8	6,692	93.7	7,802,762	82.0
木材及び木製品工業	4	3.1	46	0.6	45,265	0.5
印 刷 及 び 製 本 工 業	5	3.9	20	0.3	21,000	0.2
化 　学 　工 　業	1	0.8	X	X	X	X
窯業土石製品製造業	―	―	46	0.7	45,751	0.5
金 　属 　工 　業	1	0.8	―	―	―	―
機 械 器 具 工 業	2	1.6	26	0.4	31,452	0.3
ガ ス 及 び 電 気 工 業	―	―	17	0.2	1,400,000	14.7
そ の 他 の 工 業	10	7.7	43	0.6	40,600	0.5
総　　　　　数	129	100.0	7,142	100.0	10,613,281	100.0

部門別	昭和23（1948）年 工場数		従業員数		生産高	
	実　数	百分比	実　数	百分比	実　数（円）	百分比
食 料 品 工 業	37	11.6	408	5.3	134,456,952	14.7
繊 　維 　工 　業	44	13.8	2,172	28,1	331,393,904	36.1
木材及び木製品工業	153	48.1	2,590	33.5	259,946,614	28.3
印 刷 及 び 製 本 工 業	4	1.3	48	0.6	3,228,526	0.4
化 　学 　工 　業	15	4.7	202	2.6	17,257,764	1.9
窯業土石製品製造業	6	1.9	146	1.9	6,536,781	0.7
金 　属 　工 　業	13	4.1	206	2.7	16,492,585	1.8
機 械 器 具 工 業	29	9.1	1,339	17.3	110,327.135	12.0
ガ ス 及 び 電 気 工 業	8	2.5	492	6.4	33,019,636	3.6
そ の 他 の 工 業	9	2.9	119	1.6	4,982,766	0.5
総　　　　　数	318	100.0	7,722	100.0	917,642,663	100.0

長野県統計書（昭和9年及び昭和23年）により作成
出所）上伊那誌編纂会（1967）

木工業とする）の比率が高くなっていることがわかる[9]。

　この時期の機械金属工業（金属工業，機械器具工業，ガス及び電気工業，その他の工業）をみると，工場数では18.6％，従業員数においては28.0％，生産高では17.9％と，繊維工業より劣るものの，従業員数においては同等，工

（9）ここで使用している資料は上伊那誌編纂会（1967）のものであり，文中の用語もそれに従っている。

場数では上回っている。このように戦後すぐにおいて機械金属関連産業は，木工業に次ぐものとなっており，戦前の中心産業であった繊維工業と同じレベルにまで拡大してきたことが見てとれる。

　以上のように第二次世界大戦を契機としてスタートした上伊那地域の工業は，戦後，繊維工業から木工業，機械金属関連産業へと中心を移し始めたといえる。

（3）高度成長期前期（1955年〜1964年）

　高度成長期において工業化の推進力となったのは，抵抗器やコンデンサーを中心とする電子部品工業であった。これらを含む電機機械工業発展のきっかけになったのは，先に述べた機械金属関連産業の疎開企業群である。

　図表5-2から工場数と従業員数を見てみる。工場数では機械金属工業が1956年時81社であったものが1963年には267社へとおよそ3倍強に，従業員数では1956年が2341名だったものが，1963年には10091名へと4倍強へと拡大しているのである。この時期以前の中心産業であった繊維工業では，1956年では，それぞれ53社，1284名だったものが1963年では，54社，1021名と企業数はほとんど変化していないものの従業員数は減少している。また木工業は，1956年に174社，1709名だったものが1963年では201社，4125名と若干の増加に留まっていることがわかる。

　このように終戦直後は木工業が中心となり復興が進められたが，高度成長期になると，戦後も地域に残り続けた機械金属関連産業の疎開企業が地域工業をけん引してゆくのである。

1）疎開企業から地場産業の形成へ

　この時期の上伊那地域製造業について工業統計より見ると（図表5-3参照），1955年時の製造業従業者別構成において電気機械器具製造業と精密機械器具製造業で44.3％を占めていた。さらに1970年にはこの二部門で53.6％にまで拡大する。一方，事業所数は，食料品製造業，木材・木製品製造業がほぼ同じ

図表5-2　上伊那地域工場数及び従業員者数

		機械金属工業	木工業	繊維工業	食料品工業	化学その他工業	計
昭和31(1934)年	工場数	81	174	53	118	90	515
	従業員数	2341	1709	1284	909	975	8159
昭和35(1960)年	工場数	192	198	53	143	114	700
	従業員数	7918	2378	955	1161	1740	14152
昭和38(1963)年	工場数	267	201	54	126	109	766
	従業員数	10091	4125	1021	1303	1846	17592
増加率 (対昭和31年%)	昭35 工場数	200	114	100	121	127	135
	昭35 従業員数	333	139	74	128	179	173
	昭38 工場数	330	116	102	107	121	149
	昭38 従業員数	431	241	80	143	179	216

長野県統計課「工業統計調査結果報告」により作成
出所）図表5-1と同じ

水準であるのに対し，この二部門は1955年には20.5％，1970年には38.5％と従業者数には及ばないが拡大基調にあることがわかる。つまり上伊那地域においては，「1955年においてすでに機械器具製造業2部門が製造業の中心を占めていて，その意味で地場産業だけでない製造業部門を持つ工業化が始まっていた」のである[10]。

　この時期における疎開企業が拡大する様子を見てみよう。興亜工業社伊那工場（社名は終戦時の名称，1941年創業，現KOA株式会社），は1947年に組織改編し，興亜電工株式会社となる。1958年に箕輪工場，豊丘工場を設置し，1964年時点で資本金4億円，従業員数723名となっている。当時は小型抵抗器や小型複合部品を，自動化で大量生産をおこなっていた[11]。また当該企業は地域内での独立創業を推奨し，地域内に電気部品の生産をおこなう企業群を生み出していった[12]。なかでも当該企業より独立したコンデンサー部門は，昭和

（10）豊田尚（1982）「第Ⅰ章　上伊那地域経済の構造的特質」p.24，中央大学経済学研究所編（1982）『兼業農家の労働と生活・社会保障』中央大学出版部，所収。
（11）上伊那誌編纂会（1967）『上伊那誌　現代社会編』p.643.
（12）この時期における下請分業構造の構築については，赤羽孝之（1975）で詳しく

図表5-3　上伊那地域および伊那市における製造業の事業所数と従業者数の推移

		事業所数				従業者数			
		1955年	1965年	1970年	1975年	1955年	1965年	1970年	1975年
上伊那地域	製 造 業 総 数①	695	798	1274	1484	14143	18711	25941	27184
	食 料 品 製 造 業②	141	128	142	128	1154	1534	1820	2003
	せ ん い 工 業③	40	34	46	41	862	737	669	558
	木材・木製品製造業④	148	127	142	132	2095	2035	1789	1584
	電気機械器具製造業⑤	92	166	308	337	4500	5422	9868	8619
	精密機械器具製造業⑥	51	78	183	262	1762	2769	4025	5207
伊那市	製 造 業 総 数①	238	289	400	448	4113	5599	6886	8405
	食 料 品 製 造 業②	54	54	59	51	401	689	753	902
	せ ん い 工 業③	8	8	8	7	33	86	58	43
	木材・木製品製造業④	38	35	39	38	325	370	413	344
	電気機械器具製造業⑤	49	71	95	104	1990	2059	2806	2573
	精密機械器具製造業⑥	13	21	38	61	577	866	1205	1989

長野県統計書
出所）豊田尚（1982），表Ⅰ-8，p.24.

27年に有限会社日本電解製作所（現ルビコン株式会社）として創業し，その後，企業規模を拡大して地域の中核企業となってゆく。これら電気・電子部品産業の拡大は，内職も含め地域中小企業群を叢生し，生産分業体制が地域内に形成されてゆくのである。

2）精密機械産業の拡大

　地場産業と呼ばれたKOAなどの電子部品産業だけでなく，精密機械産業も拡大成長していた。高千穂光学伊那工場（社名は終戦時の名称，1944年創業，現長野オリンパス）は，終戦と同時に顕微鏡へと生産を転換させ，1946年には高千穂光学株式会社と改称する。1963年には，従業員は伊那工場だけで560名，資本金12億円へと拡大している。さらに協力工場として宮田工機製作所（従業員153名，資本金1200万円），下請企業として辰野町にユニバース光学工業株式会社（従業員280名，資本金1500万円，現ユニバース光学工業

述べられている。

株式会社）をはじめとする30社以上の企業が生産に協力し⁽¹³⁾，こちらも地域内に分業体制を構築してゆくのである。

その他，辰野町の石川島芝浦タービン株式会社長野工場（社名は終戦時の名称，1944年創業，現株式会社IHIエアロマニュファクチャリング）や駒ヶ根市の帝国通信工業赤穂工場（1945年，可変抵抗器，現帝国通信工業株式会社）なども，戦後も上伊那地域に存立し続け，生産を拡大していった。さらに1946年には信英通信（現ルビコン㈱，伊那市，コンデンサー），トリオ（現株式会社JVCケンウッド，駒ヶ根市，音響機器）などの企業が，疎開企業から独立する形で創業する。

これらの疎開企業やそこから独立・創業した企業を中心に，数多くの下請企業群が形成され，高度成長期初期には電子部品の産地へと発展してゆく⁽¹⁴⁾。ただし上伊那地域の工業を考えた場合，電子部品工業だけではなく機械金属工業としてとらえる必要がある。なぜならば本文中にも述べた石川島芝浦タービン株式会社長野工場などの一般機械や，高千穂光学伊那工場などの精密機械においても，前述したように工場を拡大・増設しており，1959年にはセイコー（現エプソン），八洲精機製作所（後のヤシカ，現京セラ株式会社）などの精密機械大手メーカーの生産工場もこの地域に設立されているからである。これらの企業群は組立だけではなく，機械加工の下請企業も地域内に多く持っており，地域工業に与えた影響は大きいと考えられる。

(4) 高度成長期後期（1965年～1973年）

この時期には，隣接する諏訪地域や関東圏から，上伊那地域の余剰労働力を目当てに，三協精機駒ヶ根工場（現ニデックインスツルメンツ株式会社，マイクロモーター，1966年），伊那三協（現ニデックインスツルメンツ株式会社伊那事業所，1967年），春富電子（三協精機の子会社，1970年），チノン（光学

---

(13) 上伊那誌編纂会（1967），p.642.
(14) 赤羽孝之（1975）.

機器，音響機器，1970年）などの部品加工・組立工場が進出してきた。1975年には日本電気（NEC長野，2017年閉鎖）なども伊那市に進出してきた。特に三協精機は「伊那谷進出作戦」と呼ばれるほど上伊那地域において積極的に展開していた[15]。このように高度成長の末期から低成長にかけて，上伊那地域電子部品工業の構造は大きく変化してゆくのである。

　1973年に起きたオイルショックは，上伊那地域の部品メーカーにも大きな影響をもたらした。部品メーカーは完成品メーカーの下請的立場であるため，オイルショックの影響を増幅して受けたのである。その結果，部品メーカーは人員整理や合理化を進展させ，自動化を強力に推進してゆく。まさに「石油ショックを転機として，電子部品工業はもはや労働集約的産業と考えることは不可能となった」といえよう[16]。このオイルショックによって電子部品製造における合理化・自動化が促進され，上伊那地域の下請中小企業は，電子部品組立から電機部品組立・機械部品組立へと変わってゆく。さらに中央自動車道の開通（1982年全線開通）により，隣接地域からだけではなく，関東圏などの地域外からも企業が上伊那地域へ進出し，電機，機械系の工場集積が進んでいったのである。

2. 上伊那地域に関する従来の研究

　これまで見てきたように上伊那地域には機械金属工業関係の企業が多く存在している。これら地域工業に対し，数多くの研究が積み重ねられてきた。以下では時期ごとにおこなわれた主要な研究を紹介する。なお1970年代中頃から上伊那地域を数多く調査・研究している池田正孝氏の一連の研究については，(4) で一括して取り上げる。

---

(15) 池田正孝（1977-5）を参照。
(16) 地域産業研究会（1987），p.37.

（1）赤羽孝之「長野県上伊那地方における電子部品工業の地域構造」[17]

　赤羽は，工業地域構造の視点から，1970年代前半の上伊那地域を対象に「労働力指向型の電子部品工業を取り」上げ，「この工業の生産組織と労働力の地域的構造および労働力を媒介とした工業と農村との関係を究明」するとされている。

　そして，「この地方における電子部品工業の発達はまずこの工業が手工業的側面が強く，多額の資本を必要とせず労働力さえ確保できれば始めることができたこと，また昭和30年代は低賃金女子労働力が比較的豊富であり，30年代後半から農家は農業収入だけでは生活が成り立たず現金収入を必要としたという背景があり，戦後の資本再編成の下で製糸・染色・食料加工・木工業などの在来の工場が経営不振から当時の成長産業であった電子部品工業の下請工場へと転換していった」とされ，農村の余剰労働力を背景に，従来の企業が当時拡大しつつあった電子部品製造の下請企業へ転身しつつ伊那市工業が発展したことを示される[18]。

　赤羽は，電子部品工業の生産組織を，抵抗器，コンデンサー，可変抵抗器，マイクロモーターの4つの製造品目別に分析しており，それらの生産工場については，伊那市の中心に完成品工場，周辺農村部に下請工場，周辺農村部の中間地点には分工場・子会社が分布されるとしている。農村部の下請工場については，「電子部品工業の発展期に労働力を確保する目的から親工場が親戚・知人関係をたよって設立していったものであるが，昭和39年の不況の頃よりこれらの工場は親工場の安全弁的な意味合いを持つようになってきている」と下請企業のバッファの役割を指摘する。また電子部品工業の労働力構造について，「小規模工場の多い農村部ほど女子労働力の占める比率，女子労働力に主婦労働力の占める比率，主婦労働力に農家の主婦労働力の占める比率が大きくなる」傾向を指摘されている。内職の技術について「農家の主婦に内職を出す

---

(17) 赤羽孝之（1975）.
(18) 同上，pp.275-278.

と生産量と品質が不安定になるということから，農村部の工場でも市街地域内の非農家の主婦に一定程度依存」していると，農家の主婦と非農家の主婦とでは労働力に質的な相違があることを述べている[19]。

　このように，「電子部品工業は労働集約的工業であり低賃金労働力に依存せざるを得ない性質を持」ち，「それゆえ専門メーカーは労働生産性の低い一部工程を下請工場へ依存する体制を採り」[20]，「それに対応した形で労働力の質が変化すること，また地域的な配置関係も伊那市の中心部に専門メーカー・完成品生産の工場が集中し，周辺の農村部では一部工程の下請工場がほとんどを占め，そして労働力の質もそのような配置関係に対応する」[21]と，1970年代前半の上伊那地域における生産組織とその特徴を述べている。

(2) 三井逸友「地方中小電子部品メーカーの現状と生産体制の動向―長野県上伊那地区の実態調査を中心に」[22]

　三井は，1970年代後半の上伊那地域における電子部品工業を分析するにあたり，「方向としては，電子工業全般の動向ならびにこれを主導する大手電子機器メーカー（セットメーカー）の企業行動と購買・外注政策の動向を大枠としながら，」「大手・中堅電子部品メーカーの動向を軸に，これらとなかば競合する存在である中小独立メーカーおよびこれらの傘下にある中小下請ないし部分品供給メーカーの位置を区別しつつ，それらの現状と問題点を，各部品分野毎に検討する」[23]とされる。

　その上で，『上伊那地区電子工業産地診断報告書』に基づいて地域電子部品工業の基本的な特徴と構造を次のように述べる。「第一の特徴は，4社の大手・中堅企業と，大多数を占める20人以下規模企業，という規模別構成をも」ち，

---

(19) 同上，pp.282-286.
(20) 同上，p.293.
(21) 同上，p.275.
(22) 三井逸友（1981）.
(23) 同上，p.47.

「中小企業の大多数は，先の4社のもとで，部分加工，組立などを担当する下請企業であり，ここに「タテ系列構造」の「ピラミッド」が形成されている」こと，「第二の特徴は，こうした生産力構造が大手・中堅部品メーカーに主導され，編成されてきたため，電子部品工業に携わる中小企業間の「横の関係」が弱い点」であること，「第三に，‥‥電子部品工業という産業が，電子機器工業という最終製品のレベルにまで結びついて地域内にあるのではなく，あくまで部品の生産・供給地という役割に留まっている」こと，以上3つの特徴をあげている。

そして「こうした特徴は，全国的にも稀な，電子部品の「産地」という形態を，この地に与えた。その意味するところは，労働集約的工業において，豊富・低廉な労働力をえられるという「労働指向」立地および，多数の下請企業が一地域内に集中立地することにより，社会的分業が高度に発展し，生産の規模ならびに生産性を大きくしていくという意味での「集積の利益」の発揮」であるが，また「高度成長の中で電子工業が非常な成長を遂げ，汎用的な電子部品への需要が飛躍的に拡大してくる中で生じた現象であり，逆に，その電子工業の市場動向や，製品技術，生産技術の変化，親メーカーの生産体制や外注政策の変更の影響を，強く被らざるを得ない性格を与える」とされ，「上伊那電子部品工業とは，農村工業的下請ピラミッド構造が複数集積した形態に留まっていた」と上伊那地域電子部品工業を分析する(24)。

(3) 地域産業研究会『低成長下における地方工業化』(25)

1980年代以降低成長期の上伊那工業集積については，地域産業研究会が伊那市および駒ヶ根市に焦点を当て分析している。

上伊那地域の工業化の推進力となったのは戦時中の疎開工場を中心とした一般電子部品工業であり，「これらの企業を中心にして数多くの下請け企業が形

---

(24) 同上，pp.48-51.
(25) 地域産業研究会（1987）。この報告書は後に村山研一・川喜多喬編著（1990）『地域産業の危機と再生』同文舘として出版された。

成され，高度成長期には電子部品の産地へと発展」したとする。これらの企業
は，電子部品の労働集約的産業特性から「余剰労働力の存在する地方に立地す
ることが有利」であるために上伊那地域へ進出し，「下請け，内職の層が農村
部に「納屋工場」という形」で生産分業構造を拡大させながら，独立し創業す
る企業を輩出しながら，「産地」を形成したとする。この産地が形成される過
程で，伊那市のKOA，ルビコンを中心とした下請企業群と，駒ヶ根市の帝国
通信を中心とした下請企業群の2つのブロックが作られていくとする[26]。

　上伊那地域の労働力について，「農家の女子労働力は，若い時は市街地の大
きい専門メーカーへ，中年になって近辺の農村納屋工場へ，高齢者は内職へと
いうように，年齢」ごとに就業形態を変えることを指摘されている[27]。また
「高度成長の末期から低成長にかけて，‥‥電子部品産地の構造は大きく変
わってゆく」とされ，小金井製作所，三協精機などの部品加工系工場の進出と
中央高速道の開通（1982年全線開通）など，外部からのインパクトを指摘さ
れ，さらにオイルショックを転機として進められた自動化の導入により，「電
子部品工業はもはや労働集約的産業と考えることは不可能となった」と上伊那
地域の電機工業の変貌を述べる[28]。

（4）池田正孝の上伊那地域工業の分析

　池田は，上伊那地域における電子・電気部品工業の下請分業システムについ
て，1970年代中頃から1990年代まで分析している。以下では池田の一連の論
文を取り上げ，時系列的に整理したうえで検討する。池田の議論は，上伊那地
域の下請企業群が専属的に存立している点に特徴があるとし，同時に専属下請
企業が日本型生産システムの紐帯となっており国際競争力の源であるとする
点[29]において独自であるため，節を分けて検討する必要があると考えたから

（26）地域産業研究会（1987），pp.14-16.

（27）同上，p.20.

（28）同上，p.37.

（29）池田正孝（1988）参照。

である。

池田は日本の製造業における生産構造の特徴を，独占的大企業を頂点として
その傘下に分工場，子会社，系列会社，有力下請組立工場，さらに小零細下請
企業群，その下には家内工業，内職層などを含むピラミッド型の階層構造にあ
るとしている。そして上伊那地域の電子・電気部品工業においてもピラミッド
型の階層構造が存在し，それらが効率の良い生産システムであることを指摘す
る。

1) 1970年代までの上伊那地域電子・電気部品工業

1960年代後半における長野県上伊那地域工業について，「上伊那地域は60
年代前半までは電機，精密などの新しい機械工業が展開しつつあったとはいえ
まだまだ食料品や木材，家具などの地方在来型の工業の比重も高く，農業地帯
としての様相を色濃く残した地帯で」あり，「これが65年以降の新しい工業化
の波に洗われて一挙に機械金属関連の工業地帯に変貌した」とし，その原動力
を「電子部品工業を中心とした電気機器工業の急成長」に求めている(30)。

上伊那地域における電子・電気部品メーカーの系譜を，疎開工場と1960年
代に県外から進出してきた誘致工場とに分けられ，「県外から誘致された電機
（電子）工場は農山村部の低賃金労働力の活用を求めて年々集積度を高めてい
た」とし，これら2つの系統の部品メーカーが「65年に入ると両者は相互に
からみ合いながら猛烈な勢いで自己増殖を重ね，新しい工業化を推進した」と
している(31)。

この時期における上伊那地域電子・電気部品メーカーの展開を4つに類型化
されて考察している。第一は疎開工場および地元に展開した企業，そして第二
は誘致工場グループのなかで，県内の他地域から誘致されたものである。これ
らの企業は「60年代後半の民生用電子・機器の発展にうながされて急激に分工

---

(30) 池田正孝（1978-1），p.348.
(31) 同上，p.346.

144

場・子会社・系列会社を自己増殖し，さらにはその周辺部に傘下下請企業群を増やしていった」点で同じとする。第三は同じく誘致工場グループのなかでも県外から誘致された企業であるが，このパターンの企業・工場は分工場，子会社等を増殖せず，周辺に下請企業を簇生させたとする。第四は，これら第一から第三までの企業によって周辺地域に創出された下請企業群であるが，これらは「自生的に形成されたというよりも，むしろ親工場の要請によって生みだされたというべき存在」であるとする[32]。

　以上のことから「60年代後半の高度成長過程において，大手部品メーカーを頂点として，その傘下に分工場，子会社，系列会社（衛星工場），有力下請組立工場，さらに小零細の下請企業群，さらに底辺にはこれらの下請企業が活用する零細2次下請（家内工業），内職労働などの実にすその広いピラミッド型の階層構造が形成されてきたことが明白」[33]だとする。

2) オイルショック～1980年代前半の上伊那地域電子・電気部品工業

　オイルショック以降におこなわれた家電産業における大企業側の合理化は，①半導体の大量使用による部品点数の削減，②回路設計の見直しによる部品点数の削減，③これら部品点数の削減による組立工程の自働化推進，という方向で進められ[34]，これら家電セットメーカーにおける組立工程の自働化，合理化の進展は，部品供給先である部品専門メーカーに，精度向上のための自動化生産を要求することになったとする[35]。

　このような完成品メーカーの動向は上伊那にある電子・電気部品メーカーへも大きな影響を与えることになる。これらの動きについて，池田は「主力メーカーが一斉に一貫自動化システムを開発することにより，これまで広範囲に下請工場に依存してきた電子部品の組み立て加工も大部分を自社に取り込む方向

---

(32)　同上，pp.346-347.
(33)　同上，pp.349-355.
(34)　池田正孝（1977-6），pp.71-72.
(35)　同上，p.80.

で動いている」と電子部品産業の「装置産業化」により，下請企業への外注から内製の傾向，それも自動化生産体制に基づく内製の拡大を指摘している。そして傘下下請企業・内職の対応について，①徹底した生産の自動化を推進するグループ，②下請企業を巻き込んで生産の自動化を推進しつつあるグループ，③生産自動化が困難なため自社の下請，内職層へしわ寄せを強化するグループ，の3つが存在するとする[36]。

3) 1980年代中頃～1990年代の上伊那地域電子・電気部品工業

池田は，「従来，電子部品生産のモノカルチュア地帯といわれた上伊那地域も，地方自治体の工場誘致努力によって，ここ10年間にカラーテレビ工場，オーディオ機器工場，コンピュータ組立工場などが進出し，その周辺部に部分組立の下請工場を増加させてきた」と上伊那地域における電子部品工業の下請企業が，プリント基板（PC板）の組立下請に転身していることを指摘され，これら組立下請工場も，親企業の生産自動化＝内製化の影響をうけ，厳しい状況であるとする。電子部品生産の下請企業と同様に，PC板組立下請も，「いずれも農山村部に立地し，都市部に比較してより低賃金の兼業農家労働力，中高年婦人労働力，内職労働力を広範囲に活用しうる基盤に立って」おり，「親工場は一方では自動化を推進し，内製化を強めると同時に，他方ではこうした農村工業のクッション機能の活用を最大限にはかろうとする」点に注目している[37]。

事例としてカラーテレビの生産組織を取り上げ，「カラーテレビ組立メーカーがPC板加工・組立工程を組立下請企業に依存する方式はわが国独自の生産方式」であるとし，「わが国のカラーテレビ組立メーカーは最も労働集約的な作業工程を階層的下請生産組織に依存することによって，内製率を極端に低めることが可能とな」り，欧米諸国のカラーテレビ組立工場と比較するとまさ

---

(36) 同上，pp.80-90.
(37) 池田正孝（1982-3），pp.25-27.

に対照的であり、「専属的アッセンブリィ下請企業」の存在を日本独自のものであるとしている。

そのうえでピラミッド型の階層的下請構造の存在を指摘し、「これらの下請中小企業は規模別賃金格差を利用してより低工賃で生産することが可能であるから、組立メーカーは内部で生産する場合よりもはるかに低コストでカラーテレビを組立てることが出来」、「しかも、潜在的に下請企業はきびしい競争状態におかれているので、親企業の要求どおりの高品質、高信頼性の製品をつくりあげざるをえない」とする。「前述したようにオイルショック以降、組立・調整工程の自動化が急テンポで進行しているため、傾向的には親企業の内製率が高まり、下請企業はますます不利な立場に追込まれている」と①規模別賃金格差の存在、②下請企業の厳しい競争状態、親企業優位な状況の存在から、高品質・高信頼性の製品が生み出されることを述べている[38]。

まとめにかえて

（1）従来の議論における課題

第1節では歴史的な資料をもとに、戦後の上伊那地域に焦点を当て、具体的にどのように集積が形成されてきたのかについて検討した。第2節では長野県上伊那地域機械金属工業に関する代表的な研究を時代ごとに整理してきた。以下では従来の研究について焦点を当て検討する。

従来の研究において指摘された点は、①上伊那の工業は外部から進出してきた大企業およびその生産工場中心に発展してきたこと、②これら中核となる大企業は中小企業を叢生させ、下請中小企業として活用しながら発展してきたこと、③これらの下請中小企業は専ら組立を中心におこなっており、その取引関係は「専属的」といわれるほど親企業と密接なかかわりを持っていたこと、④下請企業は、女子労働者が多く内職等を含めて相対的に低賃金労働を使用して

---

(38) 同上、p.26.

いること，⑤上伊那地域の分業構造には，大企業，下請企業，内職といった「階層」が存在していることであり，これらの点は各論者に共通していた。

　筆者の調査でも，これらの特徴を確認することができた。しかしながら従来の研究は，上伊那地域が持つ工業の特質を考える場合，十分に分析されているとは言いがたい。たとえば本書の第2章では上伊那地域の集積が1990年代後半まで「組立型集積」として存立してきたことを述べてきた。従来の産地論からの視点や，農村工業地域，専属下請中小企業の集積[39]という視点でも，この点について指摘はされていた。しかしながら従来の視点から「組立」をとらえる方法では，1990年代の上伊那地域集積を十分にとらえることはできない。

　第一に，なぜ上伊那地域企業がオイルショックのみならずその後の経済環境の変化に対応できたのか，その仕組みが明示されていない点である。たとえば階層構造によるものであるとする指摘は存在する。階層構造が存在することと，変化への対応とは次元の異なる話である。階層構造の存在を示しただけで，実際におこなわれてきた取引先企業の変化とそれに伴う作業内容の変化への対応を説明できないのである。第二に，変化への対応と集積の関係はいかなるものなのかが説明されていない点である。労働集約的であるとされる組立作業をおこなってきた上伊那地域の中小企業が，なぜ地域外から需要を獲得し，他地域でできない加工をおこなうことができるようになったのか，その仕組みと集積との関係を明らかにする必要があろう。

(2)「組立」からの視点

　筆者はこの二つの課題に対し「組立」という業態からの視点を持つことが，解答のカギになると考えている。従来の研究が一方で示してきたように，この地域は一貫して「組立」加工をおこなってきた地域である。電子部品の製造も専属的下請がおこなってきた生産も「組立」なのである。つまり上伊那地域の

---

(39) もちろん専属的な取引関係を持つ企業は現在でも数多く見ることができる。しかしながらそれらの企業は，特定の地域内大企業とだけ専属的な取引関係をおこなっているわけではなかった。

148

集積を戦後から一貫した論理で検討する場合，産業や取引関係，分業構造の視点ではなく「組立」という業態からの視点で見ることが重要であると考える。

　この「組立」という視点から見ると，戦後から1990年代までの上伊那地域における中小企業の技術的発展の方向性や企業発展の方向も理解することができる。具体的には，地域中小企業の技術は，特定産業や特定企業向けに蓄積されているのではなく，組立をおこなう企業群，つまり「組立型企業」群として存立し，技術を蓄積してきた[40]。その結果，地域の産業や企業が交代したとしても，汎用性の高い「組立」技術を持つ地域中小企業は取引関係を維持することができ，1990年代まで組立をおこなう地域すなわち「組立型集積」として存立することが可能になったのである。

(3)「組立」技術の蓄積

　上伊那地域にある大企業の事業所では生産内容が大きく変化してきた。たとえば長野NECは設立当初，無線機やテレビなどを生産していたが，その後，プロジェクターやカーエレクトロニクス用品へと変化させていた。このような製品内容や技術的な変化に対し，「農村納屋工場」と呼ばれ技術的に遅れた存在といわれてきた地域の中小企業がなぜ対応できたのか。従来の研究では，池田の研究を除き理由が明確にされていなかった。

　池田の研究では，組立型中小企業の技術力・技能の習得が「専属的な取引関係」を通して，つまり親企業と下請企業との密接な関係の中で形成されたことを具体的な事例を通して述べている[41]。しかしながら池田の研究においてでさ

---

(40) ただし本章の調査でも取り上げているように，地域内には加工型企業も存在している。地域の特徴として指摘できるぐらい組立型の中小企業の比率が高いということである。

(41) 池田正孝氏による一連の上伊那地域研究を整理すると，次のようなことが読み取れる。第一に「農村納屋工場」と呼ばれていたような「遅れた」下請中小企業が，どのようにして「国際競争力の源」とまでいわれるような技術力・技能を習得したのかということを具体的な事例を通して分析していること，第二にこのような組立型企業の技術力・技能の習得が，「専属的な取引関係」を通して，つまり親企業と下請企業との密接な関係の中で形成したこと，第三に戦後から1990年代にいたるまで上伊那

え電子部品やモーターなどの個別分野での専属的な取引関係と技術的な向上の関連を述べられているだけで，各産業や上伊那地域全体に関する技術的な問題は触れられていない。

確かに池田が指摘したように，専属的な関係を通じて，各下請中小企業は親企業から技術指導やノウハウを受け，技術的向上を果たしたケースを見ることができた。調査内容をさらに検討すると，組立型企業の取引期間はそれほど長期ではなく，何度も取引先企業を変えていることが明らかになった(42)。つまり組立を専らおこなっている中小企業は，取引先を変えながらも一貫して「組立」作業をおこなってきたのである。上伊那地域の組立型企業は，取引先企業や対象産業を変えながらも，「組立」作業を継続的におこなうことで，「組立」に関する技術やノウハウを企業内に蓄積し，技術力を向上させてきたと考えられる。

たとえば次に紹介するIT電産のケースである。

　　現在，自動車部品製造をおこなうIT電産は，1973年に伊那市で創業する。1976年まで抵抗器の製造をしていたが，景気変動の大きい抵抗器だけではだめだと考え，NEC長野のテレビ基板の組立を始める。技術指導をうけ主力協力工場となり，協力会の会長を務める。しかしながら1987年にテレビ生産が海外へ移転されたのを見て危機感を持ち，NEC長野の下請企業をやめる。それまでの設備を廃棄し中古の機械を入れ，自動車部品の下請へと転換した。テレビの基板ではベルトコンベヤーを使って作業をしていたが，そ

地域には内職までを含めた効率の良い分業体制が構築されているが，これらを支える地域の労働力編成は一定ではなく，時期ごとにその対象を変えながら存立していること，第四に上伊那地域では中核的になる企業が時期ごとに交代しながらも存在していたことと，これらを支える組立型の集積メリットが上伊那地域に存在すること，を間接的ではあるが指摘している。

(42) 1993年の調査結果から明らかなように100％専属で取引をしていても，取引期間は短く，4年以下という企業もかなり存在したのである。このように取引先を変更することで異なる能力を獲得し，新たな取引先に活用している。このことは終章で「プレ・アレンジ能力」と呼んでいる能力である。

れだと能率が一番低い人に合わせざるを得なかった。効率をあげるために，自動車部品の製造では，機械を固定し人を動かし，複数の作業をおこなうように改善した。このような「多能工化」は小ロット生産にも対応でき，それぞれの技術水準に合わせて作業がおこなえるために，全体としての作業効率は上昇した（1993年のヒアリング調査に基づく）。

　IT電産は，NECの専属下請をおこなうことで，生産ラインやQC活動を習得していた。その後，新たに輸送用機器メーカーと取引を開始し生産を始めたが，その際，NECとの取引で習得した作業方法をふまえ，自動車部品企業から多能工化の技術も取り入れ，効率良く生産できるラインを作成した。

　このようにIT電産は，専属的な取引関係の中で獲得した技術を自社に取り込み，技能を高め組立専門企業となったのである。そして当時の産業動向を判断し，自ら親企業の選別をおこなうことのできる中小企業へと成長したといえる。

　さらに第3章の事例で取り上げたNK精密は，当初，三協精機からの指導により技術を獲得した。それをもとに自らも下請企業を指導・育成することで，自社の技術やノウハウを下請企業にも蓄積させ，それらを再下請として活用していた。つまり下請企業から再下請企業へと技術や情報が拡散し，結果として組立型企業を地域内に増加させていたのである。

　これまで見てきたように上伊那地域における組立をおこなう中小企業は，特定産業や特定企業向けに組立技術を蓄積してきたのではなく，「組立型企業」として存立することで，自社のみならず地域の下請企業に組立技術を蓄積させることが可能になった。このような企業が「群」として地域に存在することで，組立作業を必要としていた諏訪地域や他地域からの企業を呼び寄せることができたのである。

第5章補論

中央大学経済研究所編
『兼業農家の労働と生活・社会保障』

はじめに

　本研究は1973年から7年間実施された上伊那地域での共同調査研究に基づき，電子部品メーカーおよび精密機械メーカーの下請分業構造について分析されたものである。この研究は単に下請分業構造の構築だけでなく，農家からの労働力移動も含めて分析されており，地域集積の形成・変化について，重要な示唆を与えるものの一つであると考え，ここで取り上げる。

　補論として取り上げているのは，本研究が「日本の農業問題」を主題としており[1]，工業に関しては，あくまで農業に影響を与える副次的ものとしてとらえているからである[2]。しかしながら上伊那地域の集積を考える場合，農業との関係も含めて考える必要があり，ここで考察を加えている。なお長年にわたる実態調査に基づいていること，様々な分野の研究者が分析されており，筆者の力量ではすべてを検討することはできない。特に農業関連や社会保障などの点については門外漢であり，ここでは地域の工業形成にかかわる部分についてのみ取り上げており，全てを取り上げていない事を先に申し上げておく[3]。

---

(1)「結語にかえて」では，本研究は，農業における労働力，農家生活に研究の主眼をおいているとしている（p.539を要約）。
(2) なお中央大学経済研究所ではこの研究のおよそ10年後に，追調査として『「地域労働市場」の変容と農家生活保障』を出している。しかしながらこちらの研究はより農業および社会保障からの視点となっており，本書のテーマである地域集積を考える場合，『兼業農家の労働と生活・社会保障』の方が，地域集積に係る部分が多く，主たる検討対象としている。
(3) なおⅤ章については第5章2（4）でまとめているので，ここでは取り上げていない。

（1）各章の要約

　まず，「序」では，日本の「農業生産およびその縮小・破壊の問題，および工業の構造とその合理化の深い分析を必要」し，この共同研究が実施されたとしている。そして上伊那地域の選定理由として，「工業化が進んでいると同時に，なお農村であり農家であり続けているような」地域であるからとする（以上 pp.8-9.）

　「I章　上伊那地域経済の構造的特徴」では「上伊那地域において電気機械器具製造業の拡大は，小零細事業所の発生―消滅の過程として現れ」，「電気機械器具製造業の拡大が，工場規模の拡大によってではなく，小零細規模の工場が増加することによって行われた」とする（p.27.）。そして上伊那地域の経済が，「日本経済の高度成長以後急速に発展した電気機械器具製造業部門と，高度成長以後も比較的維持され生産を拡大してきた農業部門とを2本の柱として展開してきたこと，および両部門それぞれ特徴をもって発展してきた」としている（以上，pp.34-35.）。

　「III章　上伊那・農村地域における下請工業の構造」では，「伊那市の精密機械工業は，電子部品工業に若干遅れて，とくに1965（昭40）年以降の伸びが目立つ」とし，電子部品工業と精密機械工業が地域工業をけん引してきたことを指摘している（p.160.）。企業調査を踏まえ，「この地区の工業化が1956（昭31）年以降，とくに1965（昭40）～73（昭48）年に著しく進展」し，特徴については「経営の小零細性があげられる」とする。また「経営主は，男子で高齢化し‥‥農地を所有しているばあいが非常に多い」と上伊那地域の下請企業の特徴を指摘される（以上，pp.161-162.）。

　下請企業群の存在形態としては，「有力電子部品・精密機器メーカーを頂点とする下伊那地方（原文のまま：筆者）のピラミッド型の下請構造が，この調査地区において顕著に認められる」とする（p.171.）。製造加工工程については，「部分部品の機械加工・組立てが多い。また，光学機器関係企業のばあいには，2次下請企業のすべてが部品の械加工ないしは研磨を行っている」とさ

れ，光学機器関連企業において機械加工をおこなう企業の存在を指摘されている（p.174.）。原料調達については，「親企業から支給されるケースが非常に多く，しかもそれも無償が多い。さらに親企業から機械設備の貸与を受けている企業が少なくないことも著しい特徴である」とされ，原材料は支給であり，設備機械の貸与を指摘される（p.178.）。

地域の内職については，「ピラミッド構造の最底辺を構成するのが内職であり，とくにコンデンサー関係と抵抗器関係に内職者が多い」とされる（p.183.）。労働力について「男子雇用者のばあいは，‥‥比較的低い賃金の20歳台の者を多く雇用しているのは進出企業や専門部品メーカーで」あり，低工賃の基盤として「労働力の給源が農家世帯にあることがあげられよう。家屋を所有し，食糧の一定部分を自給している労働者を相対的に低い賃金で雇用することが可能」であるとしている（p.187.）。

下請企業の創業形態については，「兼業化した農家の世帯主あるいは後継者が，その兼業で得た技術や人間関係をもって下請企業を創業する」のが一般的であるとする（p.188.）。そのうえで「この地区においては下請企業としての創業が比較的容易であったことが，「ピラミッド構造」の底辺をなす企業群のかなりの集積をもたらした重要な要因のひとつ」としている（p.194.）。

この地域の下請企業において特徴的に見られる親企業の変更であるが，「全体としては6割余の下請企業が創業以来その親企業を変更しており，しかもそれは，コンデンサーおよび抵抗器関係のばあいに特に明瞭」であるとされる。そして，「コンデンサーあるいは抵抗器関係から光学機器関係へと親企業をかえている」企業が存在することも指摘されている（p.199.）。

機械設備の導入であるが，「資金力の弱い下請企業の中には，親業から機械を有償で貸与されたり，あるいは親企業から割賦払いによって機械を買い取るものが多く見られる」とし，上伊那地域の下請企業における設備投資の在り方も指摘している（p.204.）。

「Ⅳ章　農村工業と兼業農家」では，「農村工場とりわけ最下層を形成する下

請企業が日本経済の二重構造を支える土台となっていること，そしてこれらの下請企業が兼業農家層に依拠している」とされる（p.211.）。日本の機械工業化について「大企業による総合組立の工場は，およそ大都市の周辺に立地するが，部品専門の工場は，低賃金の労働力の豊富な農村地域への分散，立地」されているとする（p.217.）。そして「1960年代初期の段階では，電子部品の生産技術は手作業に依存する工程が圧倒的に多かった。したがって当時の部品メーカーは人件費の切り下のため，大量の下請企業を利用し‥‥生産コストの引き下げをはかった」としている（p.219.）。

　農村工場主については，「農業および農地に対する関心がきわめて高い，農業はきるだけ継続したい，という意志が強く示されて」おり，「農業を機械化して農作業の時間を短縮し，工場経営と両立させている」点を指摘される。また「農地所有との関連で，見落としてはならない問題は，設備資金借入の担保として農地を利用している点」を指摘される。また「簡単な機械は親企業から貸与される場合が多く，自己資金による設備機械の購入はほとんど必要としていない」ため「零細経営では，納屋や畜舎の改造だけで創業できた」と，創業のハードルの低さを指摘している（以上，pp.225-226.）。

　また当時すでに「中堅的部品専門メーカーなどは，組立工程の全自動化をはかり，とりわけ女子従業員を削減する一方，かつて下請企業へ発注していた部品加工についても，社内生産に切換えたものも多い」と内製化の動きを指摘している。さらに下請企業における生産についても「タイ，シンガポールなどの工場と，たえず天秤にかけられて判断され‥‥内職者の活用を積極的取らざるを得ない」（p.237.）と海外生産との競合関係についても述べている。

　以上のように，「大都市における独占的大企業による農村工業化によってもたらされた農村工場，とりわけ零細な下請企業は，大企業を頂点とするいわゆる経済二重構造の農村地域における最底辺層に位置するとともに，その下請企業を支えているものは明らかに兼業農家層であり，とりわけ農家の主婦である」（p.238.）としている。

　「Ⅵ章「地域労働市場」と失業の拡大」では，農家からの労働力について「主として大都市へ移動していく路線，そしてもうひとつは兼業農家という形で農家からの通勤としての近くの工場へと家を出て勤める路線があった。後者の場合にそこに待ちかまえる労働市場を「地域労働市場」といっておこう」（p.287.）と上伊那地域の労働力市場について述べられている。そしてこのことは「新しい就業者を今日的賃労働者として形成し，また失業者＝産業予備軍として今日的な相対的過剰人口を農村地域につくり出していった」（p.288.）とされる。

　この「「地域労働市場」は農家・農村に温存される農家の主婦や世帯主など半ば「固定」された過剰人口によって常にとりまかれているところの，慢性的な供給過剰の労働市場である」とされる。そして「範囲とその位置が「全国市場」と異なった構造をもつ」とされ，「「低賃金」労働力の供給によって成立する労働市場が「地域労働市」といわれうるであろう」（p.289.）とする。そのうえで「今日の「地域労働市場」は「労働力商品市場として成立し，既述のように農家と工場の間にあって，‥‥農家や農村での失業としての潜在化を誘導し，それは地域（より広い範囲での）の貧困，生活不安をさそう」（p.292.）としている。

　「結語にかえて」では，上伊那地域の農業について，「「開田とその後の構造改善事業等を契機として養蚕経営の基盤がくずれ，農業の方向は大きく変化した」とされ，「大部分の農家は農業生産としては，米のみとなり，兼業化を深めてきたのであった。このような農業生産内部の変化に即して，農村工業は農業の外部から農家に対して，兼業化を強制する大きな要因の一つであった」（p.540.）と農業の変化と農村工業の関係を述べている。

　そのうえで「今日の農村には，‥‥さまざまな農家世帯，農家世帯生活が存在するが，BⅢの「階層」農家がひとつの指標となる」とし，農家世帯の分析を踏まえ検討すべき対象の階層を明示している。この「階層」（BⅢのこと：筆者）は「農家としての最低条件の中で再生産されている最低ぎりぎりの農家

「階層」であり，農家世帯である」（p.541.）とし，「われわれが解明しようと
したのは，この「階層」に就業機会を提供している「農村工業」のあり方，そ
の生成と発展の問題である」（p.541.）とする。そして「農家生活の向上と安
定のために，「BⅢの「階層」がさしあたり全体の農家生活安定のための重要
な指標的「階層」とな」り，‥‥「この「階層」を基軸に‥‥社会保障制度の
現状を点検すべき」（p.548.）とされている。

（2）本研究後の変化

　この調査研究の10年後に出された中央大学経済研究所編『「地域労働市場」
の変容と農家生活保障』では，その後の追調査を踏まえ，上伊那地域について
「日本の資本主義のより深い農村への浸透と，それによる農業・農家生活の変
貌，その労働と生活のよりいっそうの資本主義化ということである。それは農
業・農家生活を，ひとことでいうと「兼業農家」から，いまや農家そのもの
を，名実共にいわゆる「土地持ち労働者」世帯化する方向に，より強く推し進
めた」（同書，p.240.）とされている。

まとめにかえて

　本調査は1970年代から継続的におこなわれた詳細な調査を基に分析されて
おり，特定の時点になりがちな調査を補足し，地域内の下請分業構造を具体的
に分析されている。また下請企業そのものについても，企業間関係だけにとど
まらず地域の農業との関係を明確化し，創業の経緯やその背景を明らかにして
いる。さらに地域中小企業で働く労働者についても，兼業農家の夫人が主たる
対象であることを明らかにし，農業経営と関係づけることで，地域内の階層構
造を支える基盤に対しても明確化している。

　このように本研究は上伊那地域を分析するに当たり重要な研究であるが，課
題も存在する。それは現時点から見た場合に生じるもの，つまり最初の調査か
ら50年以上時間が経過していることから生じている問題と，これとは別に経

済・経営的な論理の部分で生じているものとの二つが考えられる。

(1) 時間経過によって生じる問題

　時間経過によって生じる問題としては，日本経済の「二重構造」に関する部分と「相対的過剰人口」について，があげられる。まず日本経済の「二重構造」についてである。筆者は，現時点においても大企業と中小企業の格差は存在するが，それを二重構造ととらえることとは分けて考える立場である[4]。したがってこの地域に大都市圏との格差（賃金や技術等）が存在することは否定しない。その格差の存在と日本経済発展との関係については改めて検討する必要があると考えている。また農村の労働力が低賃金であるとする点も，現時点では再考の余地があると思われる。同様に，農村での相対的過剰人口についても，人口減少が問題となる現在において，この点を現在議論することに意味があるのか，もう一度検討する必要があろう。以上，この二つの問題については本研究に係る限りで触れることにする。

(2) 経済・経営に関する課題

　経済・経営的な部分では，下請企業の創業についてと企業の発展と地域の発展に関する課題である。

1) 下請企業の創業について

　上伊那地域における下請企業の創業についてである。本研究でも大企業からの技術指導や設備機械購入に関しての支援，農地としての土地の所有などが指摘されている[5] が，これらは十分条件であって必要条件とは言えない。これらの存在は企業運営に関するリスクを減らすことはできるであろう。しかしながら事業活動は，企業を創業し収益までを考えて運営をおこなう必要がある。

---

(4) 植田浩史（2004）『現代日本の中小企業』岩波書店，p.35.
(5) 本章「Ⅲ章　上伊那・農村地域における下請工業の構造」を参照のこと。

これらを全体的に見て，最終的に創業を決定するのは経営者であり，そのリスクを取るかどうかの決断を迫られる。単に事業のしやすさだけを指摘しても創業要因を説明したことにならない。なぜ困難な中でも事業を始めようと決意したのか，その説明が必要なのである。

　この創業に関する問題は，時期を分けて考える必要があると思われる。戦後すぐの電子部品生産当初の問題と，諏訪地域からの移転企業が来ることによって生じた創業の問題は，企業運営に関するリスクが異なるからである。戦後すぐの部分は，本研究の前段階となる部分ではあるが参考のため取り上げる。

　戦後すぐの創業に関しては，電子部品産業創成期における創業について検討してみよう。戦後の電子部品産業において市場は未発達であり，事業を始めるにあたっても情報が不足していたと考えられる。この時期の創業に関しては疎開企業であるKOAの影響によるところが大きい。よく知られているようにKOAの創業者である向山氏は，農業だけで支えていくことが困難であった上伊那地域に，電子部品産業をもたらすことで地域の発展を考えたとされる。本研究においても，養蚕からの転換がうまくゆかなかった点や水田による兼業化の指摘がある。つまりこの地域は，農業だけでは地域の発展は望めなかった地域といえる。その時期の工業化である。先の見えない中での創業はリスクが大きかったといえよう。そのなかでKOAの成功やそこから生まれたルビコンなど，電子部品産業での成功者の存在は，創業に関するインセンティブとなり，地域の人々に創業の後押しをしたと考えられる。また当該企業に勤めることで，企業運営だけでなく産業や製造方法，さらに需要に関する情報なども得ることができた[6]。このように農業からの転換が必要とされる中で，起業家精神を持った経営者の存在と，その成功によるインセンティブ，当該企業からの情報は，地域の工業化の促進や集積の形成をもたらした要因として指摘する必要がある。

　次に諏訪地域からの移転企業がやってきた1960年代後半から1970年代の創

（6）本書，第2章を参照。

業について考えてみよう。この時期は電子部品不況および海外生産化の中で，次なる産業への転換が必要とされた時期である。不熟練労働力を大量に必要とした電子部品から，機械加工も含めた組立加工へと移行が求められた。つまり低賃金労働力を前提とした生産方法から，設備投資を必要とする企業運営へと変わりつつあり，本研究でも指摘[7]している農家層の「土地持ち労働者」と企業経営者も含む階層に分かれつつあった時期でもある。このとき創業を促進させたものは諏訪からの移転企業の経営者であると考えられる。彼らからの情報や成功によるインセンティブは，事業からの撤退も含め，地域企業家の転換をもたらした[8]。低賃金労働力に依存する企業は，産業の転換には対応できず，賃金労働者へ，一方，設備投資をおこなえる企業は，新たな産業へと取引先を交代させ，事業を継続していた。その資金調達も含め転換を促進させたものが，諏訪から移転してきた経営者であり，地域内に情報をもたらした商工会などの地域内ネットワークといえる[9]。これらの存在があって上伊那地域の組立企業群が1990年代まで維持されてきたと考えられる。

2) 企業の発展と地域の発展

　本研究では，農家の主婦層による低賃金労働力が下請企業を支えているとしている。しかしながら1970年代以降，格差は存在するものの，この地域でも賃金は上昇し，低賃金労働力だけに依存できる状況ではなくなった。本文中でも指摘されているとおり[10]，技術力や経営力が必要にされるようになったのである。また使用されている資料を見ても，組立企業が多く存在する伊那市周辺において，オイルショック後の1975・76年には事業所数が増加しており，対

---

(7) 本章「Ⅵ章「地域労働市場」と失業の拡大」では農家層がいくつかの階層に分かれていることを指摘されている。さらにこの後の研究である『「地域労働市場」の変容と農家生活保障』では，さらに二極化していった様子が描かれている。

(8) 本書，第4章を参照。

(9) 本書，第3章を参照。

(10) 中央大学（1982）前掲書，p.285.

応していることが読み取れる[11]。このように低賃金労働力に依存している下請企業であっても変化に対応しているのである。しかしながらそれがなぜ可能になったのか，その仕組みが本研究では指摘されていない。もちろん大企業からの技術指導や援助や，成功した企業の存在や成功者の座談会記録での発言は存在する[12]が，本文中で説明されている内容と企業の成功・発展とが結び付くようなロジックについて説明はない。二重構造の底辺とされる企業が，地域内の低賃金労働力に依存しながら，なぜ成功できたのか，企業を拡大できたのか，本研究からは理解できない。

　さらに上伊那地域は，1992年に製造品出荷額において，工業化が進んでいた諏訪地域を追い越している。なぜ諏訪地域の下請地域として取り上げられていた上伊那地域が，その本家ともいえる諏訪地域を，製造品出荷で追い越すことができたのか，本研究の論理では説明がつかないのである。

---

(11) 中央大学（1982）の表Ⅰ-11では，伊那市の事業所数がオイルショック後の1974年に93まで減少していたが，1975年に104，1976年に106と増加している。中央大学（1982）前掲書，p.27.
(12) 中央大学（1982）前掲書，p.571.

第6章

地域内大企業が与えた影響
——諏訪地域における大企業と中小企業

はじめに[1]

（1）密接な関係がもたらしたもの

　諏訪地域の中小企業は，海外生産化などの外部経済環境の変化に早期から対応し，今日まで経営を維持してきた。その対応を可能とさせてきた要因について，地域内大企業と地域中小企業の関係に焦点を当てて考察することがここでの目的である。これまでも諏訪地域の大企業と中小企業を検討した研究は数多く存在する。これらは総じて大企業側の分析のみおこなうものや，大企業と中小企業の関連を述べたものでも，古くは大企業の収奪からみたものや，近年では中小企業のネットワークなどの視点から研究されている。しかしながら中小企業の変化への対応能力形成に関して，大企業と中小企業の相互関係に焦点を当てて研究されているものは多くない。

　さて諏訪地域では，外部環境変化である地域内大企業における最初の海外生産化・生産拠点の地域外移転の動きが起きたのは，他地域よりも相対的に早く1970年代中ごろからである。この時期から地域中小企業は変化に積極的に対応することで，現在の競争力の源泉となっている「製品や工程をアレンジする能力」といった基礎的な技術やノウハウを，結果として手に入れることが可能になったと考えている。

　後述するように，地域内大企業におけるこのような行動は，大きく分けて2つの影響を中小企業にもたらした。それは取引関係の中で中小企業側が進めてきた能力蓄積と，それと同時並行的に進められた受発注関係の変化すなわち構

---

(1) 本章は粂野博行（2014）を加筆修正したものである。

造転換である。本節ではまず大企業側の動きを述べ，2節で地域内大企業における行動の変化を述べる。3節でその大企業の行動が中小企業の能力蓄積にどのように影響を与えたのか，4節でこれらの影響が中小企業の構造転換に発展したのかを説明し，5節でこれらから得られた含意を述べることにする。

(2) 地域内大企業の台頭と分業構造の形成

　諏訪地域ではどのような受発注関係が存在するのであろうか。ここではこの地域の機械金属工業が拡大・成長を遂げた戦後高度成長期における地域内大企業の行動に焦点を当ててみたい。戦後高度成長期にまでさかのぼるのは，この地域における工業の中核となる機械金属関連産業がこの時期に形成されたこと，そして需要変動などの外部環境に対応するなかで地域企業がより合目的に対応してきた結果，相対的に環境変化に対応しやすい仕組みがこの時期，地域内に作られたからである。

　朝鮮特需をきっかけに始まった日本の高度成長期は，諏訪の精密工業も発展させていった。1954年には長野県の時計産業が愛知・東京についで全国第3位になり，地域の精密産業の名を全国にとどろかせるようになったのである。また時計産業は国内生産のみならず輸出の花形産業となっていった[2]。このようにこの地域の精密工業は，当初から海外市場を念頭において拡大していったといえる[3]。

　これら諏訪の工業を担っていたのが，後にエプソンとなる諏訪精工舎（以下エプソン），三協精機製作所（現ニデックインスツルメンツ株式会社，以下三協精機），オリンパス光学工業（現オリンパス，以下オリンパス）など疎開企業や地元企業に端を発する地域中核企業であった。これらの中核企業が高度成長期に地域内大企業へと拡大成長を遂げてゆく。以下ではこれらの企業を地域内大企業として記述する。

---

(2)　南信日日新聞1955年6月11日。
(3)　時計のほかにもGHQ向けのオルゴールやカメラなど，この時期における諏訪の精密産業製品には輸出向けが多く存在した。

　これら地域内大企業を中心に，この時期，地域に叢生した中小零細企業を下請協力企業として活用する分業構造が形成されてゆく[4]。高度成長期初期に中核企業は成長し地域内大企業となる。そしてこれらの大企業を頂点としたピラミッド分業構造が，地域内に複数存在する状態で地域集積が形成されていったのである[5]。

1. 地域内大企業における行動の変化

　地域の産業形成に大きな力を持っていた地域内大企業の行動は，地域中小企業に大きな影響力を持っていた。諏訪地域の地域内大企業における特徴的な行動は3点ほどあげられる。まず第一に当初から海外市場を念頭において生産をおこない，海外拠点に関しても早期に展開している点である。第二は1970年代から海外のみならず国内においても生産拠点を地域外に展開している点である。そして第三に生産内容が激しく変化している点である。

（1）海外市場を念頭に置いた生産・展開

　地域内大企業は，当初から海外市場を念頭においた生産をおこない，海外拠点に関しても早期に展開している点が第一の特徴であった。

　代表的な地域内大企業である三協精機において創業のスタートは，GHQ向けのオルゴールと輸出用オルゴールの生産であった。1957年にはニューヨーク駐在事務所を開設している。そして1970年香港駐在事務所を，1978年シンガポール株式会社を設立している[6]。

　エプソンにおいては時計が輸出されていたことは前に述べたが，生産拠点の

（4）後に諏訪精工舎と合併しエプソンとなる大和工業は，1942年から諏訪精工舎の下請をしていたが，地域の内職を組織して生産をおこなっていた。

（5）大和工業だけでなく，三協精機やオリンパスも同様に地域の中小企業を下請企業として活用していた。

（6）三協精機HPより。

展開も早期にスタートさせている。まず1968年には腕時計ケース製造をおこなう生産拠点をシンガポールに，1974年には香港にウォッチムーブメントの組み立て拠点を設立している。その後，1976年には同じく香港にプリンターの生産拠点を，1985年にはアメリカオレゴン州に生産会社を設立している[7]。

(2) 早期におこなわれた地域外への展開

　これら地域内大企業は海外生産だけではなく，他地域企業に先駆けて1970年代中ごろから生産拠点の地域外移転をはじめていた。たとえば三協精機は，諏訪地域の工場過密化および労働力の確保から，中央高速道路計画に沿って作り上げられた「工場分散化計画」によって，上伊那地域や飯田地域に関連会社を設立し，三協精機を中心とした生産分業体制を築いたのである[8]。

　このように諏訪地域の場合，1970年代中頃という他の地域よりも相対的に早い時期にこの生産拠点の地域外への転出を経験し，地域内の中小企業は需要の減少・生産内容の変化に対応せざるを得なかった。しかしながら変化への対応策として，中小企業は他産業の企業と取引を開始したり，取引先の広域化などをおこなうことになる。このことは結果として諏訪地域企業に変化への対応力を身に付けさせることになり，その後の各集積地間の競争において諏訪地域の潜在能力として機能し始めたのである。

(3) 生産内容の激しい変化

　地域内大企業におけるもう一つの特徴である生産内容の変化について見てみよう。まずエプソンであるが，戦後，諏訪精工舎となった時期は腕時計生産が主流であった。その後，1963年にプリンティングタイマー，1964年にポータブル高精度水晶時計，1968年にはデジタルプリンター，1971年にはウォッチ用CMOS IC，1977年には会計事務専用コンピューターなどの生産をおこなっ

---

(7) エプソンHPより。
(8) 池田正孝（1978-3）「電子部品専門メーカーの生産自動化と系列・下請企業の再編成」，『経済学論纂』19（4），中央大学.

ていた[9]。

　三協精機は1950年にオルゴールの量産体制を確立すると，その後は8ミリカメラ・映写機やタイムスイッチ・マイクロモータの生産を開始する。それ以降，テープレコーダーやNC付き切削機，マイクロディスクドライブやステッピングモータなどの新分野にも進出し，めまぐるしく生産内容を変化させているのである[10]。

　以上の事例から地域内大企業は多様な製品の生産をおこなっていたこと，そしてその変化は短期間におこなわれ，変化の激しい生産であったことが分かる。

（4）地域内大企業の行動によって引き起こされる変化

　このように，地域内大企業における海外生産化の進展や国内生産拠点の移転は，距離の差こそあれ地域内から地域外へ生産拠点が転出し，地域内への需要を減少させるものであった。この地域内企業への需要の減少は，地域内取引先企業へ「変化」をもたらす圧力となる。つまり需要量の減少をきっかけとして，受注側企業はなんらかの行動が必要とされる。そしてこの行動の結果，生産に関わる様々な仕組みが変わってゆくのである。後述するが，地域内企業はこのような需要の減少に何らかの方法で対応してきたために現在でも経営を維持し生産をおこなっているといえる。

　またもう一つの特徴である激しい生産内容の変化は，取引先企業に生産の柔軟性や新たな生産技術，新しい設備などを要求することになった。海外生産や地域外への移転による需要の変動は，量的な変化中心であるのに対し，生産内容の変化は生産の質的変化を中小企業に要求することになった。

　このように諏訪地域の地域内大企業は，地域内の中小企業へ量的な変動と質的な変化をもたらし，地域中小企業はこのような変動・変化に何らかの方法で

---

(9)　エプソンHPより。
(10)　三協精機HPより。オリンパスも体温計，顕微鏡，カメラ，内視鏡等の生産をおこなっていた。

対応することによって需要を獲得し，今日まで経営を維持してきたといえる。

2. 地域内大企業の行動変化と中小企業の能力蓄積

　前節で述べたように地域内大企業は外部環境の変化に対し，生産拠点の移転に伴う量的な需要の変化と，生産内容の変化を伴う質的な需要の変化という2つの動きで対応していた。この動きに地域中小企業は対応することで経営を維持してきたわけであるが，この対応は経営を維持するだけでなく，次への転換の土台を形成するものでもあった，つまり地域企業はこの変化に対応するなかで，自社の競争力ともなりえる技術や技能を蓄積していったのである。ここで蓄積した技術やノウハウを，地域外企業との取引に活用したり他の産業分野への取引へと活用することで，諏訪の企業は構造変化を乗り切ることができたと考えられる。

　ここではまず地域中小企業が，地域内大企業における生産拠点の移転に伴う量的な変化に対し，どのように対応したのかについて述べ，次に生産内容の変化を伴う質的な変化への対応について述べることにする。

（1）生産拠点の移転に伴う需要の減少とその対応
1）生産拠点の移転に伴うコストダウン要求とその対応

　海外生産や地域外生産を進めようとする場合，まず地域内大企業で検討されるのは従来製品のコストであろう。生産を移転した場合のコストと，現行生産によるコスト比較がおこなわれる。その上で現行生産の見直しがおこなわれ，生産を担う協力企業へのコストダウン要求がなされる。

　地域企業は，このような地域内大企業の動きに対応することで生産を維持してきた。このコストダウン要求での行動に関し，従来は発注側地域内大企業へのメリット面が強調され，協力企業側への取引圧力となることが指摘されてきた。しかしながらその一方で少なくとも当該企業の存続を可能とさせる程度の

利益を，当該企業へもたらしてきたということも事実であろう[11]。以下では利益を獲得するための仕組みの一つである中小企業側の能力蓄積について述べる。

2）変化への対応と能力蓄積

　この協力企業へのコストダウン要求を，地域内中小企業へ与えた影響という点から考えてみると，取引圧力だけではなく，結果として当該企業の競争力向上に結び付いたケースが存在することも確認できる。たとえば協力企業へのコストダウン要求は，後述するように一方的にコストダウンを進めるものではなかった。発注側企業と協同で工程の改善に取り組み，その結果による収益の向上，その上でのコストダウンに取り組むという行動のなかで，協力下請企業の「選別」を伴うケースが多くみられたのである。諏訪地域企業であるMSZ社やNU社などでもこのような活動はおこなわれていた。実はこのような発注側企業との共同作業の中でのコストダウンは，以前から起こっていたといえる。たとえば三協精機が1970年代中ごろから進めていた自動化による内製化は，下請企業の選別を進めることになったといわれている。しかしながらその中でも選別に残る企業においては地域内大企業やその子会社から人員を派遣され，指導や技術導入がおこなわれていたのである[12]。

　また地域内大企業と取引関係を維持する目的だけでなく，コストを全般的に引き下げるためには，改善活動や5S活動など日常的な工程管理技術が必要とされる。地域内大企業が複数存在し，それら企業と取引関係を維持することで諏訪の企業群は鍛えられ，生産管理技術も向上したといっても過言ではないであろう[13]。

---

(11) 当該製品単独で利益をもたらすケースや，他の製品と抱き合わせで利益を確保するケースもあるが，最終的には協力企業にも利益が配分されることに変わりはない。
(12) これらが注目されていた当時は，大企業による中小零細企業に対する収奪の問題の事例として取り上げられることが多かった。そこでは中小企業の技術力向上や経営力強化については対象外になることが多かった。池田（1978）前掲書参照のこと。
(13) 2013年におこなったヒアリング調査に基づく。

このように協力企業へのコストダウン要求は，地域内中小企業に取引圧力となると同時に，それに対応することで当該中小企業に技術力向上や取引活動の広域化をもたらす側面もあり，結果として地域全体の競争力向上へと結びつく可能性もあると考えている。

3）需要減少に伴う発注内容の変化と指導

　前述したように，地域内大企業における国内需要の減少は，地域中小企業へ様々な影響を与えてきた。これまで多く取り上げられてきた部分には，地域内への需要減少に伴う「負」の面を指摘するものが多かった。しかしながら地域の中小企業の様々な側面を考えた場合，「負」の面だけでは説明できないことが多い。中小企業における競争力向上に関する部分に関しては，その後の当該企業の展開を考えるとプラスに考える必要がある部分も存在する。たとえば需要減少に対するフォローとしての発注内容の変化と技術指導である。具体的には部品加工の発注からユニット発注への転換とそれに伴う指導である。

　エプソンの場合は1968年に海外へ進出し地域内への発注を減らした。そのころに企業城下町の大名クラスの企業（注：地域内の中核企業：粂野）が，当初は部品加工だけをやっていたのを，次第にモジュール化の進んだユニット部品や完成品を出すようになった。図面をもらってやっていたのを自分たちで作るようになって，独自に発展していった。このようにユニット部品を作れるようになったのは，この（1968年以降の）時期にエプソンやオリンパスや三協精機やチノンあたりから品質保証の指導を受けた点が大きい。具体的には，机に座っての指導ではなく，日常の取引の指導で，「これではうちは受け取れない」「ここはこう加工すれば安定する」といった品質も技術もセットでクレームをつけるような指導が行われ，後々で（注：個別企業が自立的に発展する上で：筆者補足）非常に有効になった（NPO諏訪圏ものづくり推進機構へのヒアリング調査より）。

　このような動きが地域内大企業から地域中核企業を通じ，さらに地域の協力企業へ広く拡散することで，諏訪地域の企業において品質管理や取りまとめのノウハウが広がり，地域企業全体の底上げに結びついていったのである。

（2）製品内容の変化

1）新分野進出と技術導入

　前節で述べたように，地域内大企業は海外進出を進めると同時に製品内容も大きく変化させていた。さらに国内では積極的に新分野への進出もおこなっていたのである。この場合，取引をしている中小企業は，受注を確保するためには新分野への対応を進めることが必要となる。たとえば1980年代におけるエプソンの液晶分野への進出を考えてみよう。エプソンは半導体・液晶分野での中核的な部分は，付加価値が高いため自社でおこなうことを決めていた。それらの周辺加工部分である実装技術やパッケージング部分においては，付加価値が低いために，外注加工をすることを検討していたのである。

　　1984年前半，TFT液晶量産を外注するため，エプソンの中で有名な協力
　　会社の社員を受け入れた。（中略）半導体・液晶関連の仕事の中で素子自体
　　をつくる工程は，‥‥エプソン内部で付加価値がつけられるので，中でやっ
　　た。その一方で，出来上がった素子を実装してパッケージングするという後
　　工程は，正直，付加価値がつかない。そして，コストで勝負する工程。ゆえ
　　に，外注，しかも車で一時間程度にある（協力）会社に外注することを決定
　　した（以上，エプソンへのヒアリングノートより）。

　この時期，発注側であるエプソンでは，この分野への事業展開に伴って，技術導入も含めた新たな加工をおこなう協力企業を必要としていた。そこで長年取引関係を持ち信頼関係の強いMSZ社を候補企業として選択し，人材の育成というレベルから新技術の指導・導入をおこなったのである。

　このように地域内大企業では，自身の新分野進出に伴い協力企業側の新技術

導入も促進することになったが，同時に技術導入に当たっては協力企業を支援していった。ここで導入された技術は，その後，当該企業の中核技術として定着し，その後の展開に役立つことになるのである。

2) 協同でおこなう技術や技能の導入

　このように地域内中小企業の中には，新たな技術を導入する際，地域内大企業の協力を受けながら導入する企業が存在した。この技術導入における地域内大企業の協力については，次の点に留意することが重要である。まず第一に自社単独でおこなう技術や技能の導入における失敗する確率を低くする点である。それと同時に，地域内大企業の持つ情報量の多さは，自社単独で導入するよりも相対的に高い技術を導入できる可能性があることを意味している。そしてこれらを通じて導入された相対的に高い技術・技能は，他地域の他企業に対して優位性を持ち，その結果，受注もしやすくなることが考えられる。

　また技術の導入作業に関しても，中小企業側にメリットが存在する。地域内大企業と協同でおこなう技術・技能の導入作業は，地域内大企業が獲得した技術を自社用に移転させる行為そのものとなる。つまり導入作業＝移転作業となり，そこでの経験で得たノウハウは，単なる生産技術のみならず，取引先へのアドバイスも含めて受注に際し活用することも可能になる。

　この技術・生産ノウハウの獲得について，エプソンとMSZ社の技術導入を事例に見てみよう。ここで注意しなければならないことは，技術の獲得・指導は親企業から一方的におこなわれるものではなかったということである。諏訪地域企業の場合は，比較的大きな企業であっても親企業との濃密な相互交流が存在し，その過程を通じで技術の獲得・導入がおこなわれていたのである。

　　立ち上げ直後は，エプソンのエンジニアが，ほぼ毎日はりつく。1980年代の半導体実装の仕事はまだまだかなり属人的だった。エンジニアの中の現場の作業長，製造の係長クラスを経験した人も入っていた。そして，それらの人は単純に技術を教えるだけでなく，モノの見方や考え方までを，ほぼ身

内としてみて，教育した。怒るわ，投げるわ，石を食わせるわ，という形
で，弟子として育てていた（エプソンへのヒアリングノートより）。

相互交流を通じての技術を導入は，親のニーズに適合した内容で生産するこ
とを一義的には目的としている。しかしながらそれは一方的にではなく，親企
業と下請企業とが共同で同じ目的を持ち開発をおこなう分野も存在していた。
つまり親企業側でコストの合わない量産分野を下請に外注すると同時に，親企
業においても未完成であった分野の技術（親企業にとって戦略的に必要なかっ
たにせよ）を協同で習得したのである。そしてこの親企業の協力を得ながらも
確立した技術は，その後，当該下請の中核的技術となり，他企業からの受注の
可能にするノウハウともなり得る可能性を持っている。

　もう一つの受け入れパターンは，エンジニア。ちょうどその頃，受け入れ
を行った協力会社に大卒の新人が入ってきた。そのうち二人が実習にきた。
その人たちはエプソンのエンジニアの仕事に共に入り，手取り足取り教え
た。入れ合いでやっていた。この当時の半導体実の仕事は，仕事が確立され
ていたわけではなく，試作を繰り返しながら，量産タイプへ移行する過程
だった。開発に近い段階。そういう段階からエンジニアやオペレーターの卵
を受け入れて，一緒にやっていた（エプソンへのヒアリングノートより）。

そして地域内の需要が減少してくると，今回の調査企業のいくつかは，その
獲得した技術を用いて他産業や他企業へと援用・活用を図る方向で展開してい
たのである。

3）獲得したノウハウの他社への応用

1985年プラザ合意以降の円高が海外生産を押し進め，それに伴う国内生産
の需要減少圧力が，他企業との取引を進めさせる要因となった。その結果，諏
訪地域の企業は他の地域企業より早く，地域外需要に目を向けざるを得なく

なった。ここで注目すべきは，諏訪地域の企業は，他地域からの需要獲得のために，エプソンから獲得した技術を，他企業向けにカスタマイズし，需要の獲得を果たしている点にある。

　諏訪地域企業の取引上の特徴として，「地域外の新しい顧客を獲得している」点[14]であるが，これを可能にしているものの一つが自社に適合するように工夫された技術の導入なのである。単に言われたとおりの技術を導入・移転するのではなく，自社のやり方，従来の機械等にあわせて導入をおこなった。そこで得たノウハウは他社との取引の際に，提供できるノウハウとなった。たとえばMSZ社の場合，エプソンから得た表面実装技術をもとに，そこで得たノウハウを活用し他社からの受注につなげていた。まさにコア技術をカスタマイズする能力，そしてそれを他社向けにアレンジする能力へと展開させることができたといえる。

　　サプライヤーは，「エプソンが技術移転した半導体実装事業について，
　　‥‥その後はうまく利用している。他社に向けてもビジネスしている。実装
　　技術をウリにして，ICやってみたり，会社によってはワイヤーボンディン
　　グ一本から打ちます，というビジネスをしている」（エプソンへのヒアリン
　　グノートより）。

　他社からの需要を獲得することを可能にしたのは，前述したように「ものの見方」から指導され，一緒に開発を取り組んできたエンジニアが，つまり地域内大企業によって鍛えられた人材が社内に存在し，そこで獲得したノウハウが社内に蓄積されているからである。このことは単純に親企業の意向に沿った技術を習得しただけではなく，新しい技術に対し自ら開発に携わる経験を持つ人材が社内に存在することで，新たな顧客への対応が可能になったと言うこともできよう。

---

(14) 岸本・粂野（2014）第1章参照のこと。

量産品がきたらやろうというのではダメで，こういうのを開発したいという依頼から始まっていくことで量産していく。製品になった時に，量産工場として。一緒に技術確立をしていかなければいけない部分をやる（エプソンへのヒアリングノートより）。

このように地域内大企業と協力企業との間には，海外進出に伴い需要が減少する一方，新事業分野への進出を通じて新たな需要が生まれていた。この新事業分野の需要に対応するためには新たな技術が必要であったが，地域内大企業側が協力企業の技術者を自社内で育成することで，当時の新技術であった半導体実装技術が下請企業側にもたらされた。そしてこの技術がその後，当該協力企業の主軸生産技術の一つとなっていったのである。

3. 地域中小企業における取引関係の変化

地域内大企業が外部環境変化に対応するための行動は，地域内需要の減少などを引き起こし，従来から存在した仕組を転換させる圧力となる。その結果，地域中小企業は前項でみてきたような従来製品のコストダウンや技術の蓄積をおこなうことで，その変化に対応しようとしてきた。需要の減少はこのような対応のほかにも様々な行動を引き起こしてきたのである。

（1）新しい需要に伴う発注

高度成長期以降における国内需要の変化は，地域内大企業に対し新たな需要創造を必要とさせた。つまり既存製品の生産が縮小してゆくなかでは，企業存続を維持する為に新たな製品開発が必要となる。前節で見たように地域内大企業の生産内容の変化は，取引先企業に新たな需要を与えると同時に，それに対応する技術の獲得や技能の転換を必要とさせるきっかけとなったのである。

175

(2) 構造を転換させる圧力

1) 協力企業の選別と地域外取引

生産設備移転に伴う需要の減少は，取引企業数の縮小となって現れ，それに伴い企業の選別がおこなわれるケースが多い。しかしながらこの選別に残れば受注を確保することが可能になるとともに，その後の技術指導を得られるなど受注側にとってメリットが存在する。したがって選別され取引を継続してゆく企業は，その結果，新たな技術などを取得できる割合が高く，それをもとに当該企業が競争力を持つ可能性が高くなることが予想される[15]。

一方，協力企業から撤退した企業は2次下請企業となる場合や，別な市場へ展開するなどするケースが多い。この場合も単に受注がなくなるといったデメリット面だけではなく，取引能力・営業能力などを向上させる要因となるケースも存在する。たとえば諏訪地域の中小企業の場合は需要を求め，地域外へ展開することが多かった。特に中央自動車道が諏訪まで開通すると，地域外から需要を獲得する中小企業，特に関東圏から需要を獲得する企業が多く見られるようになったのである[16]。

2) 獲得したノウハウによる新しい顧客の開拓

諏訪地域の中小企業の特徴として，地域外の新たな顧客を獲得しているという点が指摘されていた。それはどのようにして可能になったのであろうか。当然，商工会議所や行政によって展示会や商談会が企画されたことも，その要因の一つであろう。ここではそれらの活動に加え，前述した生産拠点の地域外移転への対応と自社向けにアレンジされた技術導入との関連を指摘しておきたい。

諏訪地域の場合，地域中核大企業の海外展開や地域外展開が1970年代から生じたために，このような取引圧力も相対的に早期に現れた。地域中小企業は

---

(15) 池田正孝，前掲書参照。
(16) 粂野博行（2003-2）第4章参照。

この動きに対応するために，地域外へ取引活動を拡大せざるを得なくなった。その結果，諏訪地域企業は相対的に早期に取引範囲を拡大させ，広域取引をおこなう中小企業が多く存在することとなったのである[17]。

またこの地域での起業は戦後高度成長期に活発におこなわれていた。地域の経営者は，この時代の生産拠点の変化を経験し，1980年代においても経営を続けていた企業が多い。したがって1980年代の生産拠点の変化は，高度成長期におきた変化の経験を踏まえて行動されたものと考えてよいと思われる。

（3）取引関係における猶予期間の存在

1）依存度低下の「指導」と自立化

海外展開ならびに国内需要の減少をきっかけとして，地域内大企業は外注企業に対し，自社への依存度を低下させるような政策をとりはじめた。しかしこの「政策」の注目すべき点は単に発注を減少させ，打ち切るというものではない。前述したようにユニット受注などの指導や品質管理の指導も含め，地域中小企業の成長を促しながらおこなうものであった。このことは結果として，地域外注企業に対して営業活動の活発化や地域企業の技術力向上を促し，限定的ではあるが地域企業の自立化を進めたといえる。

　　1968年からの中核企業の海外展開により，「大名クラス（地域内中核企業：粂野）の仕事がなくなり，受身のままにはなれず，皆が営業担当を雇い始めて営業をし始めた。60年に親企業への100％依存の企業が70％であったのが，68年には親企業の海外展開が加速し，自立化が奨励され「うち以外の仕事をしないでくれ」から「うちに依存しないでくれ」となって，80年には親企業への100％依存の企業は1％にまで低下し」た（NPO諏訪圏ものづくり推進機構へのヒアリング調査より）。

---

(17) 2013年のヒアリング調査に基づく。

2) 海外移転における猶予期間

　地域内大企業の中には急激に生産拠点を海外に移転させるのではなく，一定期間をおいて海外展開を進めている企業も存在した。前項の事例からわかるように取引を終了させるまで一定の時間が設けられたのである。このことは1970年代に海外や地域外への生産拠点の移転を経験したのと同様に，下請中小企業側へ移転による需要減少に対して，何らかの対策を講じさせる時間的な余裕を与えることになった。このことはまた同時に行政や商工会議所などが対応策を講じさせる時間的余裕を生じさせたということもいえる[18]。つまり移転の告知後，取引をやめるまでの間に一定期間をおくことで，受注側企業は一定の利益を得ながら他の取引先を探すことが可能になったのである。いわばアナウンスメント効果と呼べるような効果があったと考えられる。

まとめにかえて

　海外生産化の進展や急激な為替の変動など，現在の外部環境変化は，大企業であっても経営を維持することは困難である。このような状況の中で，諏訪地域の中小企業はどのように経営を維持してきたのであろうか。

　諏訪地域の中小企業をみると外部環境の変化に，結果的にであったとしても対応してきたという事実が存在していた。そしてそのメカニズムを考えた場合，どうしても中小企業自らの力だけでは解決できない部分も存在していたのである。たとえば地域内需要の存在であり，新しい技術や技能，管理などの能力の取得である。

　これらがどのように生み出され，獲得されたのかを考えた場合，中小企業のみで考えることは難しい。またこれらの能力や仕組みが，単純に大企業から中小企業に向けて与えられたものでないことも明らかである。つまりこれらは大企業と中小企業との取引関係を通じて取得されたものといえる。大企業との

---

(18) 2013年のヒアリング調査に基づく。

密接な関係を前提としながらも，大企業ですら変化せざるを得ない外部環境変化の状況の中で，中小企業が経営活動を維持するために取得し，蓄積され，育み，自社に蓄積していったのである。

　このように諏訪地域の中小企業は，様々な競争の中で，大企業との取引関係も一つの条件として活用し，現在まで生き残ることができたということが今回の調査から導き出される含意の一つであろう。

終章

上伊那地域集積が示す意味

はじめに

　終章ではこれまでの内容を踏まえ，上伊那地域の集積と産業構造変化との関係について考える。上伊那地域の集積が，農村地域から産地型集積へ，その後，組立型集積[(1)]へ，そして現在では地方都市型集積へと転換してきたことを，3つの時期に分けて述べる。それは時期ごとに生じた外部経済環境に対応した結果，集積が形成・変化した結果であると考えるからである。そして時期ごとに生じた地域内集積での変化，つまり集積転換の仕組みを説明する。最後に上伊那地域の集積分析から何が言えるのかを示すことでまとめとする。

1. 上伊那地域集積をとらえる視点

　上伊那地域の集積や産業構造は，第二次世界大戦や高度経済成長，オイルショック，円高による海外生産化，最近ではリーマンショックなど外部経済環境の変動によって，何度も影響を受けている。しかしながら上伊那地域の企業群は現在でも存続し続けている。つまり幾度も生じている変動に，地域として対応することで存続し続けてきたといえる。これらをとらえるためには，まず時代通観的に見る必要がある。そのうえで各期ごとに，生じた変化とそれを取り巻く環境との関係，仕組みの二つの段階に分けて検討する。

---

(1) 筆者が使用している「組立型」も類型化の一つと言える。しかしながら，本章では時間と地域を限定した上で使用している点に注意していただきたい。

（1）外部経済環境の変化と集積

　まず上伊那地域で生じた事象を，通観的に見てみると図表終-1のようになる。図表終-1は，各期ごとに生じた外部経済環境変化とそれが集積に影響を与えたこと，その時期の集積の特長を現わしている。

　このように地域集積の特徴が変化しているのは，前の集積との間に生じた外部経済環境の変動と，その事象への対応の結果，次の集積へと転換していることを示している。しかしながら疎開企業がやってきた話と，高度成長期に大企業がやってきた話は同列には語れない。それぞれ異なる要因によってもたらされた動きであり，それに伴う対応も異なるからである。そこで各期ごとの変化とその対応を考える必要が出てくるのである。

（2）変化への適応システム

　次に各時期ごとに考える仕組み，「変化への適応システム」が図表終-2である[2]。この図は各転換期に集積内で生じた環境変化とそれについて対応するための経営システムがどのように形成されるのかを示したものである。たとえば図表終-1の図において転換期である①第一期，つまり戦中・戦後期に生じた部分を見てみよう。この時期の動きを図表終-2にあてはめた場合，「問題の起きる前の環境」は，農村地域となる。そしてそれに適応していたシステム[3]が，❸「問題直面直後の経営システム」であり，具体的には「養蚕と農業の兼業」であった。ところが，第二次世界大戦により疎開企業が上伊那地域に来るという，❹「環境の変化」が生じ，「農村工業化」という「問題の起きた後の環境」へと変化したと考えられる。そしてこの環境の変化は，❸であった「養蚕と農業の兼業」から❹「適応後の経営システム」である「農村工業」へと変

---

(2)　基本的なアイディアは岸本・粂野（2014）のものと同じである。しかしながらここで使用されるシステムや仕組みは，対象となる内容や範囲，規模などが異なっているため，全く同じものではないことに注意されたい。
(3)　ここではシステムとは「仕組み」と「仕組み」の組み合わせや，それらの総体を指すものとする。

図表終-1　外部経済環境の変化と集積

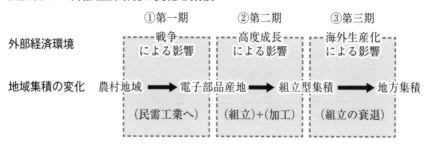

出所）筆者作成

図表終-2　変化への適応システム

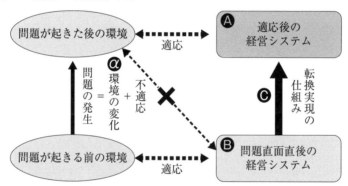

出所）岸本・粂野（2014），図表終-1をもとに筆者が修正した

化させる❸「転換実現の仕組み」が機能していたということを意味する。

　このように集積が転換・変化するという事は各期ごとに「転換実現の仕組み」が存在し，それと地域集積とはどのような関係があったのかを検討する必要があるということである。

　従来の研究は，「産地」（そのもの）や「地方集積」の内部構造分析が中心であった。しかしながら本研究は，「産地」から「地方集積」へと転換する仕組みが存在すること，そしてその仕組みが集積の持つ重要な機能の一つであることを明示することが目的の一つである。

183

以下では各章の結論を踏まえ，それぞれの転換期ごとに，転換する仕組み＝変化の内容と，それに影響を与えた地域集積の動きをみてみたい。

2. 外部経済環境の変化と集積

本書では3つの時期に分けて集積の内容と変化を考えている。第一期は戦時中から戦後にかけての動きである。農村地域において工業化がおこなわれ，戦後，電子部品産地となる時期までである（図表終-1①）。第二期は高度成長期初期から海外生産化が急速に広まる1990年代後半までの時期であり，電子部品産地から組立型集積へと転換した期間である（図表終-1②）。第三期は海外生産化がすすめられた2000年以降の期間であり，組立型集積から地域外取引をおこなう地方集積へと転換した時期である（図表終-1③）。

（1）第一期：農村地域から電子部品産地へ（戦時中から戦後復興期）
（図表終-1①の部分）

戦前は農業と養蚕業が中心であった上伊那地域であるが，工業化が促進されたのは第二次世界大戦時であり，軍需工業の進展により機械工業化がすすめられた。つまり疎開による機械金属関連企業の工場移転と，戦争による軍需工業化の促進である。疎開企業であるオリンパスやKOAなどが戦後もこの地域での生産を継続し，これらの企業が拡大・成長することで，地域内での工業発展が進められた。そしてこれら企業の下請をおこなう企業群が地域内に叢生し，地元資本を巻き込みながら地域の工業化がおこなわれた。その結果，上伊那地域は電子部品の産地となってゆくのである[4]。

1）電子部品産地の形成
戦後，疎開企業から民需へ転換した大企業は，復興期においても上伊那地域

---

(4) 詳しくは第5章参照のこと。

に残り，地域工業の中核となっていった。疎開企業群は，地域内への需要を生み出し，下請分業構造も形成していったのである。これらは戦後農地改革のなかで進められた農業の効率化により輩出された余剰労働者や女子労働力を吸収しながら拡大してゆく[5]。その結果，戦前の農業と養蚕業を中心とする地域から，農業と機械工業をおこなう地域へと転換したのである。

　Sさん夫婦は養蚕用の桑を作る農家で，夫は昼間，農業をおこない夜間にKOAに務めていた。しかしながらKOAが忙しくなったので昼間に勤めることになった。農家の仕事は奥さんに任せ，会社から帰ってくると二人で農業をおこなう生活だった。当時はKOAの社宅に住み，会社へ通っていた。
　現在地に家を建てると，家にも仕事を持って帰って内職をするようになった。内職は，はんだ付け作業であった。当時KOAでは内職等を推奨しており，機械はKOAが貸し，技術的な指導もしていた。この時期に家の横に工場を建てて作業をするようになった。昼間は奥さんと近所の女性とで作業をおこない，夜には旦那さんも一緒に作業をしていた。当時，この地域では兼業で働くことは当たり前であった。敷地内工場の仕事内容は，KOAからの仕事が無くなった後は基板への配線作業などをおこない，平成10年まで続けていた（2014年のヒアリングノートより）。

　事例のように養蚕業をおこなっていた兼業農家は，地域内大企業の電子部品需要が拡大するとともに工場労働者となり，その工場労働者の家族が内職をおこなうことが多かった。その後，工場労働者が独立し下請企業を創業することで地域内に電子部品企業の集積を形成してゆく。このようにして上伊那地域は電子部品の産地が形成された（付表2-3参照）。
　このように戦前には存在しなかった機械工業の下請企業が，疎開企業の影響により，地域内に生まれることになる。つまり新たな「起業」という活動が生

---

(5) 中央大学（1982）.

じることによって，地域内の工業化が進み，それまで農村地域であったところが工業をおこなう地域へと変貌する。このような動きは地域内に農業から工業への構造変化をもたらし，「農村工業化」と呼ばれるようになる。その結果，地域は戦時中・戦後復興期に進められた工業化という外部経済環境変化に対応することが可能となった。

2）農村工業化と集積

なぜ上伊那地域で農村工業化が可能になったのであろうか。

農村工業化と集積の関係を考える場合，2つの方向で考える必要があろう。一つは変化を引きおこす大企業の移転要因と集積についてであり，もう一つは担い手側の要因である労働者が経営者へと転身する要因，つまり独立起業要因と集積である。

まず大企業の移転要因であるが，上伊那地域の場合は「戦争による企業疎開」であった。第5章で見たように移転の目的は，戦時災害をさけ軍需生産を維持することと，それを可能にする上伊那地域の労働者，工場，地域資本の存在[6] である。労働者や工場は，疎開企業が移転される前は養蚕業が活用していたものである。つまり養蚕業が地域内に形成した集積を，疎開企業が引き継ぐかたちで工業化を進めてきたといえる[7]。さらに戦後になり，これらの疎開企業が電子部品産業などへ転換し，地域産業として発展してきたのである。

次に労働者の独立起業要因である。大企業だけでは集積にはならない。大企業と連携するような地域内企業が生まれ，集積が形成される。その前提となるのは疎開企業による労働力需要の存在である。地域内に需要が存在することで，地域内の農業従事者が工業へと転換させられる。強制的にではあったとしても工業化に携わることで，機械工業の情報が地域内に拡散される。このこと

（6）これら以外にも農業とは別の収入手段という情報が地域内での共通認識となった
　　点も考えられる。
（7）池田正孝（1978）「不況下における農村工業と地方労働市場の変動」中央大学経
　　済研究所編『農業の構造変化と労働市場』所収，p.344.

は戦後，結果的ではあるが，疎開企業が電子部品企業や精密機械企業へと転換する際，農業以外の新たな労働の場となるような情報を地域に提供することになった。

　戦後，日本では農地改革で農業生産力が向上する。上伊那地域はもともと養蚕業が盛んな地域であった。しかしながら戦後，養蚕業は復活せず，養蚕の生産基盤の喪失は，養蚕農家に兼業農家への道を推し進めることになった[8]。その労働力の吸収先として疎開企業である大企業が存在したのである。地域農家は兼業であるがゆえに相対的に低賃金を可能にし，企業にとって戦後も地域内で存続するメリットが存在したといえる。

3）独立起業の「雰囲気」

　このように疎開企業から転換した大企業が，地域内の労働力を一定程度吸収していった。その結果，機械工業に関する情報が地域内に共通の常識として拡まってゆく。つまり工場内での働き方や賃金，労働の内容，技術などに関する情報が地域内で共有され始めた。マーシャルで言うならば地域内に「雰囲気」が醸成された状況になりつつあったといえる。農村工業化とはこのような産業（この場合は機械工業）に対して，地域内で共通の認識を持つようになった状態であると考えられる。

　戦後復興期に上伊那地域では電子部品産業の拡大が起こる。その結果，地域内の需要も増大してゆくが，大企業といえども資本規模がそれほど大きくない地域内企業は，外注によって生産拡充を図るようになる。しかしながら当時の地域内下請中小企業は，十分な技術力や経営力を備えていたとは必ずしも言えなかった。そこで大企業は技術指導や機械の貸与を積極的におこなうことで，下請企業の技術力や経営力を向上させ，分業体制を確立してゆくのである[9]。

---

(8)　大須眞治「農家生活「不安定」の基礎的構造」中央大学経済研究所（1982）『兼業農家の労働と生活・社会保障』所収，p.43を参照のこと。

(9)　事例で取り上げたS氏の場合を参照。また当時の状況については「簡単な機械は親企業から貸与される場合が多く，自己資金による設備機械の購入はほとんど必要と

同時に分業構造の担い手として下請企業を増やすため，地域内大企業では独立起業を促進していた[10]。これら地域内での需要においては，支給材が多く材料費もかからないため，取引先大企業からの支援で独立・起業が可能になった[11]。その結果，付表2-3からもわかるように，戦後から高度成長期にかけて，大企業を中心としたピラミッド型分業構造が形成され下請中小企業が増えていったのである。

　また起業のハードルを引き下げるものとして，労働者が兼業農家であることの要因も考える必要がある。いわゆる「土地持ち労働者」[12]の存在である。当時の状況について「設備投資資金借入の担保として農地を利用」しており，「家内工業のような零細経営では，納屋や畜舎の改造だけで操業できた」といわれており，農業従事者もしくはその家族の起業はそれほど困難ではなかったと考えられる[13]。

　このような起業が地域内で数多く生じれば，起業の「雰囲気」が地域内に醸成される。そこに地域内での需要が拡大すれば，それをきっかけとして起業が増え[14]，新たな集積，この場合は不熟練労働力を使用する，組立作業を中心とした集積が形成されることになる。

していない」とされている。栗原源太（1982）「農村工業と兼業農家」，中央大学経済研究所『兼業農家の労働と生活・社会保障』所収，p.213.
(10)　KOAの創業者である向山氏は「若い者が独立して自分の手で仕事を広げてゆくことに大変理解があり，それを積極的に応援し」たと，KOAから独立し，地域内の中核企業となったルビコンの創設者登内英雄氏は述べている。毛賀澤明宏（2007）『信州 上伊那経済の開拓者』伊那毎日新聞株式会社.
(11)　上伊那地域でみられるような不熟練労働力を使用した組立工程の外注化は，マーシャルでいうところの「補助産業」発展の一つの在り方ということもできる。
(12)　「土地持ち労働者」という場合，農業に従事しないにもかかわらず土地を持つという意味もあるが（中央大学経済研究所編（1985）『ME技術革新下の下請工業と農村変貌』），ここでは異なる意味で使用している。
(13)　農家ということで土地を所有している場合が多く，一般的な労働者より創業に関する物理的なハードルが下がるケースが多かった。栗原源太（1982）前掲書，p.226.
(14)　「この地区においては下請企業としての創業が比較的容易であったこと」が指摘されている。青野壽彦（1982）「上伊那・農村地域における下請工業の構造」，p.194.

4）起業家精神の発揮と成功者の存在

　工業化の機運が醸成され，起業のハードルが下がったとしても，経営者とし
て起業する「主体」が存在しなければ新たな企業は興らない。起業した「主
体」，すなわち地域の経営者はどのような意識で起業したのであろうか。KOA
の創業者である向山氏は次のように考えていた。

　　この地域は戦前から農業地域であったものの，地域を支えるだけの産業と
　して成立することは難しかった。そこで養蚕業を兼業としておこなってい
　た。1929年恐慌で絹製品が暴落すると養蚕業も立ち行かなくなり，地域は
　衰退の淵に立たされる。そこで東京で抵抗器の生産に成功していた向山氏は
　故郷である上伊那に工場を移転し，地域の復興を図ろうとした。折しも疎開
　企業として工場の場所を探していた時期でもあり伊那市に工場を創設したの
　である[15]。

　「上伊那に太陽を」，このキャッチフレーズは向山氏が工場を上伊那に創設し
た時の言葉であるといわれている。この地域は戦時中に満州へ移民を多く送り
出した地域でもあり[16]，工業で地域を復興させようとする思いが伝わってく
る。戦後も引揚者が地域の再開拓などをおこなうものの，農業生産は国内他地
域に比べ成功したとは言えず，厳しい状況が続いていた。その中での工業化で
ある。兼業農家からの労働者が，疎開企業から転換した企業に低賃金で勤める
ことになったとしても，安定した収入を確保できる工場労働者として働きに出
ることは無理のないことといえよう。
　厳しい背景のもと，労働者にとっては工場勤めにより技術や営業の情報を得
る機会や，地元資本の下で成功する企業を身近に見る機会も増えた。新たな産
業の息吹を感じ，起業し始める者も出始めたのである[17]。もちろんすべてが成

---

(15)　毛賀澤明宏（2007），pp.29-30. を要約した。
(16)　本島和人（2021）『満洲移民・青少年義勇軍の研究』，吉川弘文館.
(17)　ただし農業から直接起業する者は少なく，一度，工場に勤めてから独立起業する

功するわけではないが，先に見た起業へのハードルが下がり，工場勤めをしながら新たなビジネスチャンスをねらって起業する者がこの時期に増えたとしてもおかしくはない。

　当時の上伊那地域は農業を主体としてゆくには厳しい場所であり，兼業化を進めざるを得ない地域であった。しかしながら工場労働者として勤めることで新たな産業の情報を入手できたこと，起業での成功者が身の回りに存在したこと，土地を保有しており起業のハードルが下がったこと，このような状況を「起業のチャンス」としてとらえる人々が，地域に存在したことは，地域内企業を増やした要因になったのである。

　またこの時期，道路の整備や鉄道の電化[18]などがおこなわれ，諏訪地域との物理的距離が縮まり，諏訪からの産業に関する情報が入ってきたことも見逃せない。これらが次への展開と結びつくのである。ただし，この時期は諏訪地域と上伊那地域はそれほど密接に関連していなかったことに注意する必要があろう。

（2）第二期：電子部品産地から組立型集積へ
　（図表終-1②の部分）

　第一期では農業中心の地域に，まがりなりにも工場が叢生され，電子部品の産地が形成された。これらでは労働集約的な作業が多く，1960年代後半より始まった海外生産化により産地は打撃を受ける。同時に景気の変動も受けることも多かった[19]。もちろんオリンパス（現長野オリンパス）や石川島汎用機械（現IHIエアロマニュファクチャリング）など，機械加工をおこなう企業も地域内には存在していたが基盤産業は未成熟であり，上伊那地域はもっぱら不熟

ものが大半であった。青野（1982）前掲書，p.188. ただし電気部品の産地化が進んでいた時期の不熟練労働力による作業の場合は，高度成長期ほど機械や技術の高度化が進んでおらず，起業のハードルはそれほど高いものではなかったと考えられる。
(18) 1957年に国道153号（名塩国道）が整備され，鉄道においては辰野-上諏訪間18kmの電化が1962年におこなわれている。上伊那誌編纂会（1967），p.822.
(19) 三井逸友（1981）.

練労働力を使用した手組立工程を担当する企業が多かった。

1）諏訪地域からの影響

　高度成長期に入ると諏訪地域では機械金属工業加工型の産業が躍進しはじめる。さらに1963年に松本・諏訪地域が新産業都市に指定されたことも諏訪地域には追い風になった[20]。国内における電気部品産業や精密機器産業等の急伸が，諏訪地域での生産拡大を生み出したのである。その結果，地域内企業への発注強化がおこなわれ，下請中小企業の成長やそこからの独立創業も増えていった。その一方で急激な生産の拡大は，諏訪地域に労働者不足による賃金の上昇や工場用地価格の高騰をもたらしたのである。

　鉄道や道路が整備されると，諏訪の企業群は生産拡大に対応するために，外注として上伊那地域の企業に発注するようになる。上伊那地域は諏訪地域に比べると土地も安く，労働者も豊富に存在していたため，相対的に安く仕事がおこなえたからである。また電子部品の産地として内職等の組織化もされていたため，生産分業構造を使用できるメリットも存在していた。さらに行政の誘致が加わり，諏訪からの移転企業も増えていった[21]のである。

　後述するが諏訪地域からの進出企業は，大企業だけでなく中小企業においても多く見られ，上伊那地域の工業集積を形成・発展させてゆく。移転してきた中小企業には，地域外から需要を獲得する中核企業へと成長するものも存在し[22]，その後の上伊那地域工業の発展を担うことになる。このように諏訪地域の生産拡大と上伊那地域の電子部品産地が結び付き，上伊那地域は産地から組

(20) この時期の工場の増加について「岡谷市では六二年から六三年にかけ約一五〇の工場が増加している」としている。山口通之（2003）「長野県の南信三地域の戦後の工場立地とその展開からみた空間構造（一）」『信濃』，55巻11号，信濃史学会，p.793.
(21)「上伊那の北部地域は精密機械に特化する傾向がみられたが，それは隣接の諏訪・岡谷地域からの進出とその影響によっている。」山口通之（2003）前掲書，p.794.
(22) たとえば岡谷市にある株式会社日本ピスコは1986年に上伊那工場を南箕輪村に増設している。日本ピスコHP，https://www.pisco.co.jp/company/history/（2023年5月5日閲覧）

立型集積へと転換してゆくのである。

2) 諏訪地域労働者の移動

　上伊那地域の箕輪町北西部では，高度成長期に民間デベロッパーにより宅地開発がなされている。もともとこの地域は耕作地であったが，土地が耕作地に向かず，地域の農民が宅地化の許可を求めて陳情していた[23]。それを町は受け入れ，箕輪町北西部の一部地域が宅地化された。高度成長期の開発ブームと諏訪地域における地価の高騰から，この地域へは諏訪で手狭になった若い労働者夫婦が移住してくることになる[24]。この地域は当時，価格の低下により購入可能となった自家用車を使えば，諏訪地域に1時間程度で通える範囲であったため，諏訪・岡谷地域に通う労働者の住居が作られるようになったのである。

　　地域内にある加工型中小企業FJ社の創業者は，もともと岡谷にある企業の社宅に住んでいたが，昭和54年に箕輪町に引っ越している。当初は箕輪町から岡谷へ通いながら，平成2年に箕輪町で開業している。つまり諏訪地域で働き，技術を習得したうえで，上伊那地域で独立創業したのである（2014年のヒアリングノートより）。

　高度成長期から1980年代まで，諏訪地域における賃金上昇や地価の高騰などによる操業環境の悪化は，諏訪地域から周辺地域へ，企業や労働者を押し出す動きを招いた。その一方で道路網[25]などのインフラ整備により，上伊那地域の北部は諏訪への通勤圏となり，受け入れ地域の一つとして機能し始めたの

---

(23) 千村（1979）.
(24) 『箕輪町北小学校独立開校30周年記念誌』には「七.児童の急増に伴う校舎増築」という内容で，北西部にできた住宅地により児童が急増したことが述べられている。1974年には7クラスであったのが1978年には13クラスと倍近くになっていることがわかる。
(25) 中央自動車道だけでなく諏訪-上伊那間では農道整備も含めて道路環境が整い，移動時間が短縮されている。

である。もともとこの地域から諏訪地域へ通勤していた人は少なからず存在していたと考えられるが，諏訪地域からこちらの地域へ移転してくるという動きは，諏訪地域と上伊那地域をより強く一体化させる要因となったと考えられる。その後，事例企業のように，移住者の中から独立起業する者も出てくる。この時期から上伊那地域は労働力や創業に関しても諏訪地域と密接な関係を持つようになる。

3）地域内複数大企業の存在と専属的取引関係，親企業の交代

第4章で見たように，この時期，諏訪地域や関東圏から上伊那地域の余剰労働力を目当てに，日本電産サンキョーやその子会社，チノン，1975年には日本電気も進出してきた。高度成長期に上伊那地域の産業構造は大きく変化してゆく。さらにオイルショックやその後の低成長は，地域の下請中小企業に大きな影響を与え，人員整理や合理化，自動化を進めてゆかざるを得ない状況になる。そしてこれらの事象は，結果として地域下請中小企業に競争力をもたらしたのである。

また上伊那地域の組立型下請中小企業の取引関係の特徴として挙げられるのが，専属的取引関係であった。ただしそれらの関係は長期的なものではなく，数年単位で交代している[26]。この「専属的取引関係」と「親企業の交代」，特定の関係でありながら取引先である親企業を交代する。一見，矛盾する行動のように思えるようなこの2つの動きはどのように考えたらよいのであろうか。

①専属的取引関係

専属的取引関係とは，発注側大企業（親企業）と特定下請企業との間に「専属的」な取引関係を持つことである。従来の研究では，親企業との従属関係強化であり，内職まで含め親企業側の利益の収奪[27]という分析に結び付いてい

---

(26) 青野壽彦（1982）「Ⅳ　生産合理化下の下請構造」の小見出しのタイトルは「1　親企業の変更」である。p.194.

(27) たとえば「親企業側の工賃圧縮のしわ寄せをより低工賃の内職への吸着を広げる

た。確かに特定親企業の下での投資の強要や合理化促進活動などは，親企業の利益増加に結び付き，収奪が存在するという一面は否定できない。しかしながら一方で，数年前まで「農村納屋工場」といわれていた存在が，1970年代当時で1000万円以上の設備機械を購入し（可能となり）[28]，親企業の意向に沿ったとはいえ合理化投資もおこなっている。

　このような取引関係がおこなわれることになった要因を考えてみると，まず一つは地元資本による産業発展との関係である。発注側の地域内大企業である電子部品メーカーには地元資本の企業[29]も多く，大企業であっても市場を左右できる十分な力を持っていなかった。国内寡占大企業のもとでは，地域内大企業であっても下請企業を育成し活用しなければ自社の存続にも影響するという要因があったのである。そこで特定の企業を選別し，育成する必要が大企業側にも存在した。見方を変えれば，「専属」という関係は，技術指導やノウハウの提供，経営方法など，企業としての能力を高める情報を，「遅れた」農村納屋工場に提供し，親企業と協力関係を結べる程度の企業となれるよう企業成長を促進させる方法の一つであったとも考えられる[30]。

②親企業の交代と「プレ・アレンジ能力」

　次に「親企業の交代」である。この地域の発注側大企業は国内市場において占有できる独占的な力を持っていなかった。したがって最終製品を生産する寡

ことによって町場の下請け企業はかろうじて企業存続をはかるにすぎない」池田正孝（1982）前掲書，p.277.
(28) 青野壽彦（1982）前掲書，p.201. 表Ⅲ-39 機械設備の導入状況（1）を参照。
(29)「巨大セットメーカーを頂点とする集中生産体制のもとでは，部品メーカー（KOAやルビコンなど：粂野）はたとえ資本規模が中企業・大企業にまで成長したとしても，……常に「下請け企業」的不安定性におびやかされざるをえない。」池田正孝（1982）前掲書，p.250.
(30) もちろん厳しい競争に勝ち残った企業だけではあるが，一部であっても競争に勝ち残れる企業が，地域内にいくつも存在し集積を形成したことが，現在まで上伊那地域を存続させてきた理由の一つであると考えられる。

占企業からの圧力も強く，合理化要求も頻繁におこなわれていた[31]。その結果，下請企業の選別も頻繁におこなわれ，系列から外れる企業も多く存在した。外れた企業は，地域内に存在する別の大企業の下請をおこなうことで経営を継続してきた。それを可能にしたのが，地域内に存在する産業の異なる複数の大企業からの需要である。

　1970年代以降この地域には，電子部品産業，精密機械産業，一般機械（はん用機械）産業，電気機械産業の大企業（の分工場）が存在していた。これらの企業に存在する不熟練労働力を必要とする作業を，地域内の下請中小企業が受注することで経営を存続させてきたのである[32]。市場を占有するような巨大寡占企業ではないが，それらの企業の分工場であるがゆえに存在する変動の激しい部分の作業であるともいえる。様々な産業の異なる生産内容の企業からの需要は，1990年代まで総体としてみれば一定の規模で存在し，組立をおこなう企業群が残り続けたのである。

　先に述べた「専属」的な関係の中で企業水準を上げ，設備を保有することができた企業は，景気変動や生産内容の変化の中で，獲得した技術を次の取引先へ活用することで1990年代まで存続してきた[33]。いわばアレンジ能力の前身ともいえる「プレ・アレンジ能力」を獲得したといえる。アレンジ能力が生産工程や加工技術などと関わっているのに対し，「プレ・アレンジ能力」[34]は人手を必要とする部分であるがゆえに，人員の配置や作業内容による対応で，

---

(31)「オイルショック以降，電子機器，電子部品工業に進行しつつある生産自動化・合理化によるものであり，そうした合理化体制の確立とともに展開しつつある下請け企業切り捨て・再編によるものである。」池田正孝（1982）前掲書，p.243.
(32)「創業後に親企業の変更・増加をおこなった企業は，関係企業15のうち10企業に及ぶ。‥‥8企業のうち5企業が，コンデンサーあるいは抵抗器関係から光学機器関係へと親企業を変えている。」青野壽彦（1982）前掲書，p.199.
(33)取引先の交代と技術力・経営力の向上については第4章を参照のこと。
(34)「プレ」としているのは，ここでの取引先を交代させるという事象が地域内の労働者や経営者に常識として認識され，後の機械加工企業における取引先変更に対しても，影響を与えていると考えているからである。

様々な産業に適応が可能であった[35]。組立作業に代表される人手を必要とする部分は，不熟練労働であるが，どの産業にも必ず存在している部分でもある。それらを高度成長期以降，「専属」という形態で地域企業は獲得し，様々な製品内容の需要に対応してきたのである。

③営業活動の重要性

また需要変動による親企業の交代は，地域中小企業に営業の重要性を認識させた。本来ならば専属的に取引することは営業とのかかわりを薄くするはずであるが，この地域の企業は数年ごとに取引関係を変えている。つまり取引先の交代は珍しいことではなく，この地域の企業は，それを念頭に置いた企業活動を前提としている。

このことは遡れば電子部品生産の影響によるところが大きい。電子部品の需要は電気機械産業に先駆けて生産されるため，景気変動に左右されやすい。需要拡大期に創業した電子部品の下請企業は需要の変動とともに，生産の拡大・縮小を繰り返し，当初は内職をバッファーとして使用することで対応していた。しかしながら高度成長期になると機械化が進み，内職では対応が不可能になる。一時的に手すきになったところに諏訪地域の企業群が，モーターの巻き線など不熟練労働力の多い作業をおこなわせるために上伊那地域に分工場を設立し，電子部品の下請企業を吸収していく[36]。その後，巻き線加工が自動化されると，光学系の組立作業をおこなうなど，取引先の交代がおこなわれた。その結果，上伊那地域の組立型中小企業は，幅広い産業からの受注を目指す営業活動が前提となったのである。

また激しい変化の中で獲得してきた経営情報は，再下請，内職等を通じ，地

---

(35) たとえば電子部品の基板組み立てをおこなっていた企業が，電子部品のノウハウを活用し人員の配置と使用工具を変更することで，自動車のワイヤーハーネス加工を受注し始めた事例がある（IT電産の事例を参照）。
(36) 池田正孝（1982）前掲書，p.246.

域に内に流れ，地域内の共通認識として定着してゆく[37]。電気部品から機械部品，精密機械部品などの組立加工に転換することで生き残ってきた上伊那地域の下請中小企業は，取引先の交代を念頭に置いた営業活動をおこなう行動様式を獲得し，その後も，取引先を柔軟に変更することで1990年代まで残ってきたのである。

（3）第三期：組立型集積から地方工業集積へ（2000年以降）（図表終-1③の部分）

1）2000年以降における地域中小企業の特徴

第3章で見たように2000年以降における上伊那地域中小企業の特徴は，自社製品企業も存在するが，加工型の下請中小企業が多いというのが第一の特徴であった。同時に以前からこの地域で多く見られた組立型企業は激減していたことも特徴といえる。第二に地域外企業と取引をおこなっている企業が9割を占めているという点である。1993年調査では地域内企業との取引が9割だったものが2015年調査では逆転している（図表3-1参照）。そしてその取引先は何度も変更されていた。第三に当該企業において，中核的な技術は創業当初から変わらないところが多い。ただし大きく転換していた企業も一部に存在する。そして第四に，取引先である顧客の要望に積極的に対応することで需要を開拓していた企業が多く見られた。

このことを岸本・籆野（2014）に基づき，①売り上げ構成，②事業戦略，③モノづくり活動，④分業構造の視点から見てみると次のようになる。①地域企業の売り上げ構成は，地域外取引が9割を占めており，1993年調査と比べると逆転していた。そしてその取引先は何度も変更されていた。②事業戦略に

---

[37] たとえばメッキ加工をおこなうD社は，メッキ加工だけでなく，メッキ工程後におこなう手加工を含めた後加工を社内でおこなうことで，自動車部品の受注を獲得している。このことが示していることは単純なメッキ加工だけでなく，前後の手加工工程を含めて様々な産業からの需要を獲得することを念頭に置いて営業活動をしているということである（D社ヒアリングノートに基づく）。

ついては，一部に変化した企業も見られたが，基本的には，中核的な技術と業務内容に関しては創業当初から変わらないところが多かった。③モノづくり活動においては「製品工程アレンジ能力」[38]といわれているような「自社が既存事業で取り扱っている製品の製品設計図と作業工程の一部を，顧客の要求を満たす形に，変更する能力」[39]を企業の競争力としており，それは自社の経営能力の大きな変更ではなく，顧客に合わせて一部分の変更（アレンジ）をおこなうことで新たな顧客に対応していた（以下，「アレンジ能力」）。またモノづくり活動はそれだけで存在しているのではなく第6章で見たような，「営業から生産までをひとつの組織として活動できるような企業活動」（以下，「営業−生産統合能力」）も存在していた。④分業構造においては，日常業務を依頼している地域は，諏訪地域から上伊那地域の範囲にあった。

2）諏訪地域との類似点と集積の一体化

このように変化への適応システムとして上伊那地域の集積を見ると，岸本・粂野（2014）で検討した諏訪地域の特徴[40]と類似する点が多く見られた。さらに企業調査を踏まえ，日常業務を依頼する地域（基盤産業）の範囲は，諏訪地域から上伊那地域の間に存在していた。なかでも諏訪地域の諏訪市，岡谷市から隣接している上伊那地域の辰野町，箕輪町，伊那市にかけて存立していたのである[41]。

地域性の点で見ると伊那には板金・塗装・メッキなどの外注先が揃ってお

---

(38) 「製品工程アレンジ能力」については首藤聡一朗「ものづくりのコアコンピタンス〜製品工程アレンジ能力〜」，岸本・粂野編（2014）所収を参照のこと。
(39) ここではこのような「自社が既存事業で取り扱っている製品の製品設計図と作業工程の一部を，顧客の要求を満たす形に，変更する能力」を「アレンジ能力」とする。
(40) 注38の「アレンジ能力」や「営業から生産までをひとつの組織として活動できるような企業活動」など，諏訪地域の特徴と類似する能力を保有している。
(41) もちろん諏訪地域の端である原村あたりから飯田市の手前まではかなりの距離があり，高速道路を使用すれば可能であるというだけで，すべてが一体というわけではない。

り，これが伊那のメリットとも言えるかもしれない。特に当社の外注先との取引では細かなやり取りが多いため，近くに取引相手がいる方がやりやすい。また伊那の特徴として大手企業に雇われていた労働者が多く存在するため即戦力になるような人材が多い（2016年度のヒアリングノートより）。

　この事例は上伊那地域企業のものであるが，諏訪地域企業が上伊那地域に日常的な業務を依頼することは，以前から存在していた[42]。また第1章で見た統計からも，出荷額・事業所数・従業者数のいずれにおいても，諏訪市・岡谷市の縮小と伊那市の縮小，そしてその中間にある箕輪町・南箕輪村において拡大がみられた。このことは後述するように諏訪地域からの労働者ならびに企業の移転がおこなわれた結果であり，諏訪・上伊那地域一体化の裏付けの一つといえる。

　以上のことを踏まえて考えると，2000年以降，諏訪地域と上伊那地域は，産業集積として一体となって存立している可能性が高い。また上伊那地域の企業群も，そのことを前提に活動していることも読み取れる[43]。つまり1993年調査時には上伊那地域の企業群は諏訪地域の企業群の下請をおこなう地域であった。2000年前後には一部，諏訪地域の基盤的な役割を果たす上伊那地域企業も見られたが，今日ほどではなかった。しかしながら1990年代後半から進んだ海外生産化の影響により，諏訪地域の集積は縮小してゆく。それを補う形で，上伊那地域の加工企業は増加していった。その結果，諏訪・上伊那地域の企業群は当該地域を一つの基盤として，地域外企業からの需要に対応するようになったと考えられる。

---

(42) 粂野（2001）参照。
(43) 上伊那地域の中小企業においても，諏訪地域企業へ外注依頼している企業も存在している。

3）地域外取引企業群への転換

①地域内の下請中小企業について

　それではなぜ上伊那地域の中小企業は，地域外から需要を獲得できる企業へと転換できたのであろうか。その問題に入る前に，この地域外需要を獲得している企業群はどのような企業であるかを確認しておく必要がある。第3章で述べたように，現時点におけるこの地域の下請中小企業の主たる業態は，機械加工を中心におこなう加工型中小企業であった。つまり地域外から需要を獲得する下請企業の大半は加工型中小企業であり，以前この地域で特徴的に見られた組立型中小企業ではないことに注意する必要がある。

②地域外取引機能の獲得

a）「アレンジ能力」の所有

　なぜ上伊那地域の加工型中小企業が，地域外から需要を獲得する企業になりえたのであろうか。それは地域下請中小企業が「アレンジ能力」を保有するようになったからだと考えられる。

　半導体製造装置メーカーの外装を担当しているSE社では，「図面がくる前に今までの形状のものを作る際にコストダウンになる提案はないかと，何もない状態から求められる事もあるし，図面を作ったので見て欲しいと意見を求められることもある」というように設計の段階で取引先からコストダウンのアイディアを求められている。

　取引先の一社は熊本にある。当初は松本にあったが生産拠点を熊本に移転させたため，熊本へ納品している。発注元は地元企業（熊本）とも取引しているが不良も多く，結局は当社に仕事がやってくる。ただし製品の輸送などに関しては，分解して送ることで輸送コストを下げる工夫をしている。さらに傷がつかないよう，引っ越し便のような梱包材を独自で開発し，使用している（2014年のヒアリングノートより）。

　このように大企業の必要とする能力，ただしその企業だけが持っている特別な能力ではないが，顧客の必要とする技術やノウハウを，適切な形で，相対的に安価に提案できる能力を，上伊那地域の加工型中小企業は持っている。このような「アレンジ能力」や「営業-生産統合能力」などを，これまでの取引関係の中で蓄積してきたため，地域外から需要を獲得することが可能になっているのである。

　それではこの「アレンジ能力」や「営業-生産統合能力」などはどのようにして取得され蓄積されてきたのであろうか。

　もともとSE社は板金加工だけしかしていなかったが，現社長が1980年代あたりに塗装も自社でおこなうように提案した。現社長は自動車関係の仕事にも携わっていたこともあり，塗装を加えることで仕事の幅が広がり取引先も広がる可能性があると考えたからである。塗装技術に関しては「お客さんからもこうした方がいいよと言った感じではなかったが，「これはダメだ」等と言った指導も受けた。それが一つの指標になっていった。」（2014年のヒアリングノートより）。

　事例企業であるSE社は，自動車産業で得た情報や技術をもとに，自社の設備を改善し，半導体製造装置の板金加工に活かすことで，需要を獲得したのである。このように他産業や大企業との取引関係の中で獲得した技術やノウハウを，他社との取引関係に活かす「アレンジ能力」を活用し，自社の競争力としている。またSE社では，遠方の企業との取引の中で，輸送コストを下げるような提案を自らしていた。固有の技術も重要であろうが，取引先との関係を良好なものにし，取引関係を継続させる工夫や努力をしているのである。

　次にプレ・アレンジ能力の存在である。前述したように，この地域の組立型企業は短期間に取引先を交代させることで，プレ・アレンジ能力を身に付けていた。つまり取引先の交代を頻繁におこなわざるを得なかったことが，結果として，それまでの取引先で得た能力を他社へ活用することとなり，地域集積内

に一般的なものとして定着していた。したがってこの取引先の交代による能力の引継ぎ，能力の向上であるプレ・アレンジ能力は，一般的な常識として地域集積内に定着し，加工型企業も「あたりまえ」の常識として取引関係に反映させることができたのである。

b）「営業‐生産統合能力」の存在

　上伊那地域の下請企業において特徴的な活動として営業から生産までのスムーズなつながりがみられることが多かった。単に生産現場や営業部門が単体で存在するだけでなく，この2つがうまく連携することで[44]，新たな取引先や他社からの需要が流れてきたのである。

　たとえば上伊那地域のメッキ企業であるSN社は，他社がやって不良の多かったゴルフクラブのメッキを，メッキ液の濃度管理や交換を多くしたりメッキ槽の深さなどを工夫することで不良率を下げ，受注を獲得することができた。その仕事は，「口コミ」をきっかけとして舞い込んだものである。SN社は日ごろから他社の苦手とするような仕事を受けることで，社内に技術やノウハウを蓄積していた。そして取引先や他社の営業マンに，いざという時に役立つ企業として認識してもらうことで，受注獲得に結び付けたのである。

　このような活動ができるのは，この企業では入社時にすべての社員が生産ラインで働いたうえで，他部署に転換しているからである[45]。営業であっても自社の生産の特徴について把握し，営業活動しているのである。そのため営業時に，自社でできることとできないことを明確にし，単価や見積もりを短時間でおこなうことができ，すばやい営業活動を可能にしている。

　このように第6章で見たような，「営業から生産までをひとつの組織として活動できるような企業活動」，つまり「営業‐生産統合能力」も，上伊那地域企業が他地域からの需要を獲得できる要素の一つである。

---

(44) 岸本・粂野（2014）終章参照。
(45) このような活動は単に企業活動だけでできるわけではなく，人材育成にかかわる取り組みも重要である。詳しくは岸本・粂野（2014）を参照。

4）個別企業の特徴と背景

このような特徴を持つ加工型企業が，なぜ農村工業地域といわれた上伊那地域に生まれてきたのであろうか。

①諏訪地域からの企業や情報の流入

加工型中小企業をみると諏訪地域との関係が深い企業が多くみられる。様々な要因で上伊那地域へ移転してきた経営者や労働者，もともとの勤め先が諏訪地域にあったとする者が多い。またその二代目が現在，引き継いでいるというケースもある。企業の存立している地域でみると，箕輪や辰野が多く，上伊那地域でも諏訪地域に近い場所である。つまり諏訪地域との関係や交流の中で，経営方法や営業の仕方などのノウハウが上伊那地域に流入している可能性が高いと考えられる。

たとえば前述したSE社の出自は諏訪である。諏訪の通信メーカーであった親会社の分工場として1960年に上伊那地域へ進出した。その後，諏訪の親会社から独立したという経緯を持つ。その意味では諏訪地域の情報を持って独立したといえる。しかしながら当初，上伊那地域は諏訪地域とずいぶん異なっていたようである。

　　前述したSE社は，1960年代に開業したが，当初，従業員には農家出身者が多く機械を扱えない人が多かった。諏訪の親企業へ研修に行かせたもののすぐにやめたりして，なかなか軌道に乗らなかった（2014年のヒアリングノートより）。

遅れた農村工業地域であった上伊那地域において，諏訪出身というだけでは高度な技術や経営ノウハウを活用し経営に活かすことはできない。地域との連携，情報の共有などが必要となってくる。

　　材料を販売しているP社の場合，もともと経営者は諏訪で機械工具や材料

の販売をしており，訪問先の企業で材料の「黒皮むき」（前処理のこと，筆者）で苦労していることに気づく。自社でその工程を引き受けることで材料を購入してもらうことができた。その経営者はそのノウハウをもって上伊那地域で開業し，現在も材料を販売している。上伊那に来た当初は，前処理などに関しては購入先企業がおこなっていたが，この会社が取引を始めると，上伊那地域内でも前処理をして販売することが，当たり前のことになった（2014年のヒアリングノートより）。

　この事例が意味することは，諏訪で当たり前の技術であっても，当初はそのような情報が上伊那地域へ入ってこなかったということと，一度情報を入手すれば，地域内に拡散するということである。つまり諏訪地域からの流入は大企業だけではなく，中小企業や情報，そして前述したような労働者の流入が生じていたのである。このことによって，上伊那地域における経営方法や営業方法などは，諏訪地域の企業群と類似性を持つものになっていったのである。

②地域内組織等による情報共有，行政等の支援
　地域の商工会や商工会連合では，機械や補助金などに関して情報を交換していることも，地域間格差や地域内の企業間格差を埋める要因になっている。

　各地域の商工会には特定のテーマに基づいて研究グループが存在する。直接，仕事には結びついていないものの，情報交換や新しい機械などの情報が入手できる。場合によっては諏訪メッセなどに共同展示をするなどして横のつながりを強くしている。また地域大企業のOBを講師に呼んで勉強会を開いたり振興センター等を介して，地域内大企業の紹介をお願いすることもある（2014年のヒアリングノートより）。

　このような個々の商工会の取り組みだけでなく各地域の商工会が集まり，横のつながりを持ち情報交換をしている。地域ごとの特徴ある企業の紹介や，新

しい取り組みについても「上伊那地域」として情報を共有している。そのため特定の市町村での取り組みであっても，特徴的な活動は他の市町村に広がりやすい[46]。これらは直接的な支援や取引活動に結び付かないものであったとしても，それぞれの地域に合う形で取り込まれていることが多いのである。

　設備投資に関しては，補助金や助成金などの獲得のために，商工会や銀行などが連携し，地域内企業の設備投資支援をしている[47]。さらに経営内容の改善に関しても，手厚いサポート体制を敷いている[48]。地域の銀行でも独自の交流会を開催し，そこで出会った企業が連携し，自社製品を開発するケースも見られる。

　　三協精機で画像処理を担当し独立したAL社の経営者は，銀行で主催された経営者会で装置メーカーであるMY社の社長と知り合う。同じ三協社出身ということで意気投合し，製品開発をおこなうようになる。AL社の画像処理技術とMY社の食品加工技術が結び付き，大手コンビニチェーンのサンドイッチ用カット装置の開発に成功し，ヒット商品となる（2014年のヒアリングノートより）。

　また行政施策も，地域外から企業を誘致するのに貢献している。それは大企業だけでなく中小企業に対しても同様であり，諏訪地域から多くの企業が上伊

---

(46) たとえば諏訪地域企業の交流会にも航空機関連の部会が存在する。もともと小型
　　飛行機などの研究会が存在していたにせよ，航空機としての部会があるのは，隣接す
　　る飯田地域で一時期活発化した航空機クラスターの影響があると考えられる。
(47) 諏訪地域で特徴的に見られた「重装備型」（企業規模に見合わない高額の機械設
　　備を保有すること。筆者）の設備投資も，上伊那地域においてもそれほど珍しいもの
　　ではない。
(48) 以前は地域の信用金庫が経営コンサルタントを招き，取引先である地域内中小企
　　業を訪問させ，経営改善をさせていた（ただし現在では行員に中小企業診断士の資格
　　を取らせ，より多くの企業について診断をさせている。2014年ヒアリングノートよ
　　り）。

那地域⁽⁴⁹⁾へ移転している。

　前述したSE社は，1960年代初頭，景気が拡大し仕事が増えたために諏訪の工場が手狭になった。諏訪で工場を建てるための土地を探したが見つからず，土地の安い上伊那にやってきた。上伊那の行政からの誘いもあり上伊那へ工場を出すことに決めた（2014年のヒアリングノートより）。

　上伊那地域には工業団地が複数存在し⁽⁵⁰⁾，そこには大企業だけでなく中小企業も数多くみられるのである。

③上伊那地域企業の高度化と諏訪地域の操業環境変化

　前提としての上伊那地域企業の高度化と，諏訪地域の操業環境の変化ということも重要な点であろう。諏訪地域の創業環境の変化については前項を参照してもらいたいが，筆者が1993年に訪れた折には，諏訪地域からの発注をこなす，いわば諏訪の下請地域という位置づけが目立っていた⁽⁵¹⁾。しかしながら2000年以降，その関係が大きく変化した。それらは道路の整備や高速道路などインフラ整備等の影響もあるが，上伊那地域企業の変化によるところも大きいと考えられる。

　上伊那地域企業の変化とは，技術や経営力など地域内企業のレベルアップであり，具体的には「アレンジ能力」や「営業－生産統合能力」の獲得である。以前のように単に下請をするだけでは受注を獲得できた時代ではなくなった。そのようななかで受注を獲得する，特に地域外からの需要を獲得することは簡単ではない。それを可能にしたのは，先に見たように諏訪地域企業との係わりのなかで構築された企業間関係であり，そこでの経営者の対応や，諏訪地域と

---

(49)　上伊那地域において辰野町・箕輪町・南箕輪村周辺の地域である。
(50)　上伊那地域の工業団地は，伊那市：9，駒ヶ根市：2，辰野町：1，箕輪町：5，南箕輪村：3，宮田村：1の21団地である。
(51)　粂野（1994）参照。

上伊那地域間における労働者の移動による地域集積の変化，地域内に多く存在した組立型企業が保有していたプレ・アレンジ能力などが，結果として地域内中小企業に影響を与えたからである。

④加工型企業の創業

FJ社の事例が示すように，上伊那地域から諏訪地域に通う労働者の中には，その後，上伊那地域で独立開業するものも多く現れた。つまり諏訪地域の経営ノウハウや取引先を持ちつつ独立したのである。付表3-1からもわかるように，これら企業の独立当初の取引先は諏訪地域企業であり，諏訪地域との関係のなかで独立を始めていた。またこれら独立創業した企業は機械加工企業が多く，諏訪からの労働者の流入も，地域内加工型企業の創出を後押ししたといえる。

加工型企業集積に関しては，第1章の統計でも見たように上伊那地域でも北側の辰野，箕輪を中心とする地域に見られた。これは諏訪・岡谷地域からの需要の存在が，その後の企業地域に影響を与えていることを示しており，2000年以降も諏訪との取引をおこなっていることからもその影響が分かる。

このように上伊那地域は，諏訪地域から影響を受けつつ構築された関係の中で，企業や経営者，労働者がレベルアップした結果，諏訪・上伊那が集積地としての一体化が進み，諏訪・上伊那地域全体として，地域外から受注できる加工型企業群が存在する集積地になったと考えられる。

まとめにかえて

これまで見てきたように，上伊那地域は大きな経済環境変化に対し，様々な内的要因が関係しながら変化に対応してきた。疎開企業の受け入れや，兼業農家からの転身，機械工業化への適応や，海外生産化による需要の激減などの外的要因とともに，地域の持つ様々な内的要因も影響していた。上伊那地域は，変化に対応しながら今日まで工業地域・産業集積地として存立している地域の一つであることは間違いないのである。

1）組立型企業の減少と加工型企業の増加

第2章で見たように，2000年あたりまで上伊那地域において下請をおこなう組立型集積の確認はできた。その後，組立型企業は激減し，加工型企業が目立つようになってきた。このことはどう考えたらよいのであろうか。

一つは加工型企業への注目がこれまで低かった点を指摘できる。つまり1960年代から組立型の企業が急激に増加し，地域工業の特徴として注目された。しかしながら加工型企業については，当初から存在していたにもかかわらず関心がもたれなかったといえる。現時点から振り返ってみれば，疎開企業の中にも機械加工を中心におこなう企業もあり，それらは現在でも存続している（付表2-2を参照）。つまり組立型の中小企業の急激な増加に注目が集まり，加工企業も存在していたにもかかわらず，注目されてこなかったということである。

また加工企業が増加した地域が異なっていたことも，注目されることが少なかった要因の一つである。つまり戦前，戦後すぐから高度成長期にかけては伊那市を中心とする地域に，電子部品の産地として集積が形成された。それはKOAを中心とする企業が伊那市を中心に興ったからである。その後，第2章で見たように諏訪地域や関東圏からの大企業の進出によって，組立型の集積が増加・維持された。組立作業を必要とする進出企業が多かったことも要因の一つであろう。その後，国内生産の組立部分が減少しながらも，諏訪地域や松本地域と隣接していたため，間接的な需要を獲得し，加工から組立までできる地域として存立してきたのである。

2）組立型企業の減少と兼業農家の存在

地域の特徴とまで言われた組立型中小企業群は，最終的に1990年代後半まで存在し続けた。しかしながら2000年以降の海外生産化の進展で，急激に減少した。この組立型企業の減少について上伊那地域では問題視されることは少なかった。それはなぜなのであろうか。

筆者は上伊那地域の工業が，兼業農家から発展してきたことと関連している

と考えている。つまり組立型企業の廃業は，農業活動への帰還であり，企業として廃業へのソフトランディングであったのである[52]。

　つまり上伊那地域の組立型企業は，「倒産」のようなハードランディングではなく，廃業による「リタイヤ」であった。それを可能にした背景には，農村工業化をきっかけとして組立型企業がスタートしたことにも要因があろう。すなわち兼業農家から事業を始めるものが多かったことや，宮田方式[53] とよばれる兼業農家を支える仕組みが存在していた。また設備投資が加工型企業ほどかからない「組立」という業態も影響し，大きな負債を抱えることなく廃業が可能になったのである。

3）発展の経路

　当初，兼業農家による工業化は，低賃金労働力の供給源，末端の下請であり，工業発展の中では淘汰されるものとして扱われることが多かった。しかしながら現時点からみると，上伊那地域は，1990年代まで国内生産における組立部分の需要を支える地域として存在してきた。そして現在，この地域には借金も抱えることなく，「自分の畑も家も買えた」と自分の農地で過ごしている人々が存在している。

　このことは何を意味するのであろうか。

　筆者は上伊那地域のような工業化のありかたも，地域発展の一つであると考えている。つまり工業による地域発展の在り方としてみるならば，大都市圏での発展方法もあれば，上伊那地域のような経路をたどる発展方法も，一つの在り方と言える。

---

[52] 筆者が1993年に訪問した工場を，2015年調査に訪ねてみると，企業として活動していない（看板を外していた）ものの，その場所に存在していたものが多かった。そばには農地があり，そこでは作物が植えられていたのである。
[53] 星・山崎（2015）.

4) 上伊那地域集積が示す意味

上伊那地域の集積に関する従来の議論においては、地場産業型であるとするもの、専属的下請の集積であるとするもの、地方都市型・周辺地域型の集積であるとするものが存在する。同じ地域を見ているのに差異が存在するのである。このような差異が生じた理由は、これまでおこなわれてきた日本の集積研究が、大都市を中心とする類型化論主体で進められてきたためである。

類型化論を主体とした従来の議論は、集積内分業構造の特徴や集積内企業がおこなう需要の質や量に注目し、生産構造と集積との関係を中心に分析されてきた。そしてそこでの特徴をもとに集積を類型化し、それらの特性が最もよく現れた地域を引き当て、モデル化されるケースが多い[54]。

これらは集積の持つ機能や構造の側面に焦点を当て、研究の精緻化を進めてきた。しかしながら類型化論で取り上げられている地域は、あくまでもその機能を持つ企業が多い場所ではあるが、当該都市の特徴と集積とが関係しているわけではない。大都市型といわれる東京都大田区周辺の集積のように、単品や試作品など量が少なく納期の短いものをおこなえる地域と、大阪府東大阪周辺に見られる地場産業を系譜としながら、特徴ある自社製品を持つような企業が多く存在する地域とでは、集積の在り方が異なっているにもかかわらず同じ大都市型としてくくられている。このように都市の類型から集積を検討する場合、注意が必要であり類型化論の問題点といえよう。

それではなぜこのような類型化と集積との間に問題が生じたのであろうか。第一に、類型化の前提となっている集積の機能と、示されている都市との関係は、あくまでも特徴が現れている場所・地域を示しているだけで、都市の類型化とは直接的な関係があるわけではないということが挙げられる[55]。第二に、

---

(54) 需要の量が少なく変動が多い製品を効率よく生産するために、集積内の中小企業を組織化し生産するタイプは大都市型や大田区型、特定大企業からの需要を中心に生産するタイプは、企業城下町型や日立型、特定大企業を中心としないタイプのものを地方都市型や諏訪型といった分け方である。

(55) もちろん都市の特徴が集積形成に際し影響を与えることを否定するものではない。

類型化論において集積の変化は前提としていないからである。当該集積として認識されると固定的にとらえる傾向がある。上伊那地域の集積が示しているように集積は変化するのである。第三に，集積の分析は，分析がおこなわれた時期・時代を前提としているという点である。集積はそれを取り巻く外部経済環境と企業との間に存在し，環境変化への企業対応を促進するものである。したがって分析をおこなった当該時期・期間の外部経済環境が前提となっている。つまり類型化された集積は，分析された特定の時期・期間の外部経済環境に対応したものであり，類型化された集積をアプリオリに比較することはできないのである。

　序章でも述べたように類型化論は集積研究において精緻化をすすめ，地域内の分業構造を明確にした点において意義があった。

　しかしながら本書で取り上げた上伊那地域集積における変化の事例は，類型化論だけでは説明しきれないことを示していた。そこで本書では，経済環境の変化・変動に対し時期を区切り，企業と地域集積の関係に焦点を当て分析を進めた。さらに時期間の変化に着目し，特定の時期から次の時期への変動に対し，集積が一定程度機能していることを事例を通して明らかにした。このことは集積が持つ変動への対応の仕組みであり，集積のダイナミズムといえる。以上のことが上伊那地域集積の分析から得られた含意である。

【参考文献】

序章

Alfred Weber. (1909) "Ueber den Standort der Industrien, Erster Teil, Reine Theorie des Standorts", Tubingen.（A. ウェーバー（1966）『工業立地論』篠原泰三訳，大明堂）

Alfred Marshall. (1890) "Principles of Economics", Great Minds Series.（A. マーシャル（1985）『経済学原理』永澤越郎訳，岩波ブックセンター信山社）

池田正孝（1982）「カラーテレビの生産構造と下請企業—長野県農山村地域のプリント基板組立下請企業の実態分析」『中央大学経済研究所年報』13号。

伊藤喜栄（2000）「工業地域形成と産業集積についての二・三の問題— 新経済地理学とウェーバー集積理論」『人文学研究所報』33号。

植田浩史編著（2000）『「縮小」する産業集積』創風社。

岡本義行（2003）「6 地域的研究」『日本の中小企業研究 1990〜1999』同友館，所収。

岡本義行（2005）「日本の産業集積の特徴：産業集積に関する試論（1）」『社会志林』法政大学社会学部学会。

鎌倉健（2002）『産業集積の地域経済論』勁草書房。

清成忠男・橋本寿朗（1997）『日本型産業集積の未来像』日本経済新聞社。

Krugman, P. (1991) "Geography and Trade", The MIT Press.（P. クルーグマン（1994）『脱「国境」の経済学』北村行伸・高橋亘・妹尾美起訳，東洋経済新報社）

粂野博行（1998）「長野県埴科郡坂城町の工業集積—中小零細企業を事例として」『三田学会雑誌』第91巻1号。

粂野博行（2001）「長野県上伊那地域の工業集積—組立型工業集積の事例として」『地域と社会』大阪商業大学比較地域研究所紀要，第4号。

粂野博行（2009）「自転車産地の解体と地域産業—堺の自転車産業を事例として」『三田学会雑誌』第101巻4号。

粂野博行（2015）「グローバル化時代の地方産業集積」『商工金融』第65巻第1号。

粂野博行（2019-1）「続 グローバル化時代の地方工業集積」『商工金融』第69巻第9号。

粂野博行（2019-2）「組立型集積の衰退—長野県上伊那地域を事例として」『大阪商業大学論集』第15巻第15号（第191・192合併号）。

粂野博行（2021）「日本の中小企業研究における産業集積」公益財団法人中小企業研究センター。

粂野博行（2023）「日本の中小企業研究における産業集積研究」前田啓一・池田潔・

和田聡子編著『激動する世界経済と中小企業の新動態』御茶ノ水書房。

湖中齊（2009）『都市型産業集積の新展開─東大阪市の産業集積を事例に』大阪商業大学比較地域研究所研究叢書，御茶ノ水書房。

小林靖雄・瀧澤菊太郎編（1996）『中小企業とは何か 中小企業研究五十五年』有斐閣。

隅谷三喜男（1998）『隅谷三喜男産業経済論文選 第3巻 地域経済と中小零細産業』通商産業調査会。

関満博（1993）『フルセット型産業構造を超えて』中公新書。

関満博（1995）『地域経済と中小企業』ちくま新書。

瀧澤菊太郎編（1985）『日本の中小企業研究 第1巻 成果と課題』有斐閣。

張楓（2021）『近現代日本の地方産業集積』日本経済評論社。

中小企業庁（2001）『中小企業白書 2000年度版 IT革命・資金戦略・創業環境』大蔵省印刷局。

中小企業庁（2007）『中小企業白書 2006年度版「時代の節目」に立つ中小企業─海外経済との関係深化・国内における人口減少』ぎょうせい。

遠山浩（2022）「産業集積とファミリービジネスへのガバナンスとアントレプレナー創出」『ダイバーシティ経営と個性ある中小企業』日本中小企業学会論集41，同友館。

中田哲雄編（2013）『通商産業政策史 1980～2000 第12巻 中小企業政策』経済産業調査会。

松原宏（1999）「集積論の系譜と「新産業集積」」『東京大学人文地理学研究』13。

三井逸友（1981）「地方中小電子部品メーカーの現状と生産体制の動向─長野県上伊那地区の実態調査を中心に」社団法人中小企業研究センター，『電子部品工業における構造変化と80年代の生産・分業体制』調査報告書No37。

Michael J. Piore/Charles F. Sabel (1984) "The Second Industrial Divide, Possibilities for Prosperity". （M.ピオレ/C.セーブル（1993）『第二の産業分水嶺』山之内靖・永易浩一・石田あつみ訳，筑摩書房）

Michael E. Porter.(1995) "Competitive Strategy". （M.ポーター（1995）『競争の戦略』（新訂版）土岐坤・中辻萬治・服部照夫訳，ダイヤモンド社）

山本健兒（2005）『産業集積の経済地理学』法政大学出版局。

渡辺幸男（1997）『日本機械工業の社会的分業構造』有斐閣。

第1章

総務省HP, https://www.soumu.go.jp/toukei_toukatsu/index/seido/sangyo/index.htm（2023年3月30日閲覧）

RESAS—地域経済分析システムHP, https://resas.go.jp/#/13/13101（2023年3月30日閲覧）

第2章

青野寿彦（1981）「農村下請工業における内職利用の展開—長野県伊那地方の事例」『経済研究年報』：中央大）11。

青野寿彦（1982）「農山村地域における下請金属工業の実態」『経済研究年報』（中央大）13。

赤羽孝之（1975）「長野県上伊那地方における電子部品工業の地域構造」地理学評論，48-4）。

池田正孝（1977）「低成長下の農村工業問題 長野県上伊那地域の農村工業調査報告」国民金融公庫『調査月報』（196）。

池田正孝（1988）「変貌する日本型下請システム」巽信晴・佐藤芳雄編『新中小企業論を学ぶ』有斐閣選書。

板倉勝高（1959）「諏訪盆地における工業の変化」『人文地理』11。

伊那市伊那商工会議所（1994）『企業ガイド1994年版』。

伊那市史編纂委員会（1982）『伊那市史—現代』。

伊那テクノバレー推進協議会（1986）『伊那テクノバレー開発計画』。

江波戸昭（1961）「諏訪地方における精密工業の展開」『地理』6。

上伊那統計事務連絡協議会『上伊那郡市勢要覧』各年。

機械振興協会経済研究所（1993）『生産分業システムの革新と21世紀の展望』。

北原勇（1977）『独占資本主義の理論』有斐閣。

木村憲治（1964）「長野県製糸業地の変貌—内陸工業地の形成過程」『滋賀大学学芸学部紀要』14。

清成忠男（1976）『現代中小企業論』日本経済新聞社。

粂野博行（1998）「長野県埴科郡坂城町の工業集積—中小零細企業を事例として」『三田学会雑誌』第91巻第1号。

粂野博行（2001）「長野県上伊那地域の工業集積—組立型工業集積の事例として」『地域と社会』大阪商業大学比較地域研究所紀要，第4号。

国民金融公庫（1973）「電機産業における下請企業の実態調査」『調査月報』4。

佐々木清司・斎藤幸男（1969）「電子部品工業の地域的展開」『人文地理』第21巻23号。

佐藤芳雄（1986）「日本型下請生産システム形成の軌跡と到達点」『三田商学研究』29巻2号。

信州地理研究会編著（1973）『変貌する信州』信州教育出版部。

信州地理研究会編著（1993）『変貌する信州Ⅱ』信州教育出版部。

諏訪地方事務所（1981）『諏訪地方の商工業』。

政治経済研究所編（1975）『転換期の中小企業問題』新評論。

竹内淳彦（1968）「電気機械器具工業の地理的構造」『地理学評論』41。

地域産業研究会（1987）『低成長下における地方工業化』。

中央大学経済研究所（1982）『兼業農家の労働と生活・社会保障』中央大学出版部。

中小企業事業団・中小企業研究所編（1985）『日本の中小企業研究 1～3巻』有斐閣。

中小企業事業団・中小企業研究所編（1992）『日本の中小企業研究 1980～1989 1～3巻』同友館。

長野県機械金属工業振興協会（1992）『長野県機械金属工業振興協会40周年記念誌』。

長野県坂城町編（1988）『テクノハートさかき―坂城町工業発達史』。

長野県商工部（1983）『長野県地場産業振興ビジョン』。

長野県商工部（1985）『テクノハイランド信州 伊那インター工業団地』。

長野県商工課編（1992）『工場名鑑』。

長野県商工部（1993）『中小企業情報化ステップアップビジョン』。

長野県振興課（1984）『テクノハイランド信州』。

長野県総務部情報統計課『工業統計調査結果報告書』各年版。

長野県総務部情報統計課『長野県賃金実態調査報告書』各年版。

長野県中小企業情報センター（1992）『文献資料目録』。

長野県中小企業振興公社（1982）『下請系列構造調査結果報告書』。

長野県中小企業総合指導所（1978）『上伊那地区電子工業産地診断』。

長野県の産業立地に関する調査委員会（1990）『長野県の産業立地に関する調査報告書』。

長野工業地理研究会編（1964）「新興工業地域の地理学的研究」（第一報）。

長野工業地理研究会編（1965）「新興工業地域の地理学的研究」（第二報）。

長野工業地理研究会編（1966）「新興工業地域の地理学的研究」（第三報）。

長野工業地理研究会編（1967）「新興工業地域の地理学的研究」（第四報）。

長野工業地理研究会編（1969）『長野県工業地理年報』（第五報）。

長野工業地理研究会（1969）「電子部品工業の地域的展開」『長野工業地理年報』5。

那須野公人・青山秀雄・八幡一秀（2001）「長野県上伊那地域における電子・通信機器産業の現状」作新学院大学経営学部『作新経営論集』第10号。

三井逸友（1981）「地方中小電子部品メーカーの現状と生産体制の動向―長野県上伊那地域の実態調査を中心に」社団法人中小企業研究センター『電子部品工業における構造変化と80年代の生産・分業体制』調査研究報告，No.37。

三井逸友（1991）『現代経済と中小企業』青木教養選書。

宮沢志一（1960）「長野県諏訪地方の精密工業—製糸より精密工業へ，地域的生産の展開」『信濃』12。

柳平千彦（1963）「諏訪地方における製糸業の変遷と精密工業の発展」『信濃』15。

山口通之（2003）「長野県の南信三地域の戦後の工場立地とその展開からみた空間構造（一）」『信濃』55巻11号，信濃史学会。

渡辺幸男（1993）「国内工業集積地域間分業の実態」財団法人日本立地センター『中小・中堅企業の海外展開と地域間分業に関する研究』。

渡辺幸男（1997）『日本機械工業の社会的分業構造』有斐閣。

渡辺幸男（2011）『現代日本の産業集積研究—実態調査研究と理論的含意』慶應義塾大学出版会。

第3章

赤羽孝之（1975）「長野県上伊那地方における電子部品工業の地域構造」地理学評論，48-4。

池田正孝（1978）「不況下における農村工業と地方労働市場の変動」中央大学経済研究所編『農業の構造変化と労働市場』中央大学出版部，所収。

池田正孝（1982）「カラーテレビの生産構造と下請企業—長野県農山村地域のプリント基板組立下請企業の実態分析」『中央大学経済研究所年報』第13号。

岸本太一・粂野博行（2014）『中小企業の空洞化適応』同友館。

粂野博行（1994）「地域活性化と中小企業—長野県上伊那地区を事例として」㈶商工総合研究所『商工金融』第44巻第3号。

粂野博行（2001）「長野県上伊那地域の工業集積—組立型工業集積の事例として」『地域と社会』第4号。

粂野博行（2015）「海外生産化の進展と地方中小企業」日本中小企業学会論集25，同友館。

粂野博行（2019-2）「組立型集積の衰退—長野県上伊那地域を事例として」大阪商業大学論集，第191・192合併号。

信州地理研究会（1973）『変貌する信州』信州教育出版。

地域産業研究会（1987）『低成長下における地方工業化』。

千村茂（1979）『伊那 蕎原の里—大出とその周辺』信濃路。

中央大学経済研究所編（1978）『農業の構造変化と労働市場』中央大学出版部。

中央大学経済研究所（1982）『兼業農家の労働と生活・社会保障』中央大学出版部。

星勉・山崎亮一（2015）『伊那谷の地域農業システム』筑波書房。

村山研一・川喜多喬（1990）『地域産業の危機と再生』同文舘出版。

三井逸友（1981）「地方中小電子部品メーカーの現状と生産体制の動向—長野県上伊

　　那地区の実態調査を中心に」社団法人中小企業研究センター『電子部品工業における構造変化と80年代の生産・分業体制』調査研究報告書，No.37。

渡辺幸男（1997）『日本機械工業の社会的分業構造』有斐閣。

第4章

赤羽孝之（1975）「長野県上伊那地方における電子部品工業の地域構造」地理学評論，48-4.2）。

池田正孝（1976）「日立製作所を頂点とする下請機構とその外注管理政策の特質」中央大学経済研究所編『中小企業の階層構造』中央大学出版部。

池田正孝（1977-1）「不況過程における大企業の生産「合理化」と外注管理体制の変貌」『経済』（154）。

池田正孝（1977-2）「大企業の生産合理化と外注管理の変貌」『経済学論纂』18（2）。

池田正孝（1977-3）「低成長下の農村工業問題 長野県上伊那地域の農村工業調査報告」国民金融公庫『調査月報』（196）。

池田正孝（1977-4）「電子機器産業におけるコストダウン合理化と下請企業再編成の動き」『経済学論纂』18（5）。

池田正孝（1978-1）「不況下における農村工業と地方労働市場の変動」中央大学経済研究所編『農業の構造変化と労働市場』中央大学出版部。

池田正孝（1978-2）「低成長下における大企業の生産合理化と下請政策について」『商工金融』28（3）。

池田正孝（1982）「カラーテレビの生産構造と下請企業—長野県農山村地域のプリント基板組立下請企業の実態分析」『中央大学経済研究所年報』第13号。

池田正孝（1985）「カラーテレビ工業における生産システムの国際比較」中央大100周年記念論文集 経済学部。

池田正孝（1988）「変貌する日本型下請システム」巽 信晴，佐藤芳雄編『新中小企業論を学ぶ』有斐閣選書。

池田正孝（1990）「日本型下請システムの海外移転可能性—自動車産業をケーススタディとして」日本中小企業学会編『世界の中の日本中小企業』同友館。

上伊那誌編纂会（1967）『長野県上伊那誌 第三巻 現代社会編』。

機械振興協会経済研究所（1993）『生産分業システムの革新と21世紀の展望』。

岸本太一・粂野博行（2014）『中小企業の空洞化適応』同友館。

菊池英行（1980）「わが国における外注・下請管理の展開」佐藤芳雄編著『低成長期における外注・下請管理』中央経済社。

粂野博行（1994）「地域活性化と中小企業—長野県上伊那地区を事例として」㈶商工総合研究所『商工金融』第44巻第3号。

地域産業研究会（1987）『低成長下における地方工業化』。

中央大学経済研究所（1982）『兼業農家の労働と生活・社会保障』中央大学出版部。

三井逸友（1981）「地方中小電子部品メーカーの現状と生産体制の動向─長野県上伊那地区の実態調査を中心に」社団法人中小企業研究センター『電子部品工業における構造変化と80年代の生産・分業体制』調査研究報告書，No.37。

山口通之（2003）「長野県の南信三地域の戦後の工場立地とその展開からみた空間構造（一）」『信濃』55巻11号，信濃史学会。

渡辺幸男（1993）「国内工業集積地域間分業の実態」財団法人日本立地センター『中小・中堅企業の海外展開と地域間分業に関する研究』。

渡辺幸男（1997）『日本機械工業の社会的分業構造』有斐閣。

渡辺幸男（2011）『現代日本の産業集積研究─実態調査研究と理論的含意』慶應義塾大学出版会。

第5章

井出策夫編著（2002）『産業集積の地域的研究』大明堂。

伊那市史編纂委員会（1982）『伊那市史─現代』。

池田正孝（1977-3）「低成長下の農村工業問題 長野県上伊那地域の農村工業調査報告」国民金融公庫『調査月報』（196）。

池田正孝（1977-4）「電子機器産業におけるコストダウン合理化と下請企業再編成の動き」『経済学論纂』18（5）。

池田正孝（1978-1）「不況下における農村工業と地方労働市場の変動」中央大学経済研究所編『農業の構造変化と労働市場』中央大学出版部。

池田正孝（1982）「カラーテレビの生産構造と下請企業─長野県農山村地域のプリント基板組立下請企業の実態分析」『中央大学経済研究所年報』第13号。

池田正孝（1988）「変貌する日本型下請システム」巽信晴・佐藤芳雄編『新中小企業論を学ぶ』有斐閣選書。

上伊那誌編纂会（1967）『長野県上伊那誌 第三巻 現代社会編』。

粂野博行（2001）「長野県上伊那地域の工業集積─組立型工業集積の事例として」『地域と社会』大阪商業大学比較地域研究所紀要，第4号。

関満博・辻田素子編（2002）『飛躍する中小企業都市─「岡谷モデル」の模索』新評論。

チノン社史編纂会（1989）『チノン四〇年の歩み』。

地域産業研究会（1987）『低成長下における地方工業化』。

豊田尚（1982）「第Ⅰ章 上伊那地域経済の構造的特質」中央大学経済研究所『兼業農家の労働と生活・社会保障』中央大学出版部，所収。

村山研一・川喜多喬（1990）『地域産業の危機と再生』同文舘出版。

山本健兒・松橋公治（1999）「中小企業集積地域におけるネットワーク形成―諏訪・岡谷地域の事例」『経済志林』第六六巻第三・四号。

三井逸友（1981）「地方中小電子部品メーカーの現状と生産体制の動向―長野県上伊那地区の実態調査を中心に」社団法人中小企業研究センター『電子部品工業における構造変化と80年代の生産・分業体制』調査研究報告書No37。

第6章

池田正孝（1978-2）「低成長下における大企業の生産合理化と下請政策について」『商工金融』28（3）。

池田正孝（1978-3）「電子部品専門メーカーの生産自動化と系列・下請企業の再編成」『経済学論纂』19（4）。

岸本太一・粂野博行（2014）『中小企業の空洞化適応』同友館。

粂野博行（2003-1）「地方都市型産業集積の変化―長野県諏訪・岡谷地域と上伊那地域」『地域と社会』大阪商業大学比較地域研究所紀要。

粂野博行（2003-2）「地方都市型産業集積の変化」湖中齊・前田啓一編『産業集積の再生と中小企業』同友館，所収。

渡辺幸男（1997）『日本機械工業の社会的分業構造』有斐閣。

終章

青野壽彦（1982）「上伊那・農村地域における下請工業の構造」中央大学経済研究所『兼業農家の労働と生活・社会保障』中央大学出版部，所収。

池田正孝（1978-1）「不況下における農村工業と地方労働市場の変動」中央大学経済研究所編『農業の構造変化と労働市場』中央大学出版部，所収。

池田正孝（1982）「カラーテレビの生産構造と下請企業―長野県農山村地域のプリント基板組立下請企業の実態分析」『中央大学経済研究所年報』第13号。

大須眞治（1982）「農家生活「不安定」の基礎的構造」中央大学経済研究所『兼業農家の労働と生活・社会保障』中央大学出版部，所収。

上伊那誌編纂会（1967）『長野県上伊那誌 第三巻 現代社会編』。

岸本太一・粂野博行（2014）『中小企業の空洞化適応』同友館。

粂野博行（1994）「地域活性化と中小企業―長野県上伊那地区を事例として」㈶商工総合研究所『商工金融』第44巻第3号。

粂野博行（2001）「長野県上伊那地域の工業集積―組立型工業集積の事例として」『地域と社会』大阪商業大学比較地域研究所紀要，第4号。

栗原源太（1982）「農村工業と兼業農家」中央大学経済研究所『兼業農家の労働と生

220

活・社会保障』中央大学出版部，所収。

毛賀澤明宏（2007）『信州 上伊那経済の開拓者』伊那毎日新聞株式会社。

千村茂（1979）『伊那 蔗原の里―大出とその周辺』信濃路。

中央大学経済研究所（1982）『兼業農家の労働と生活・社会保障』中央大学出版部。

中央大学経済研究所編（1985）『ME技術革新下の下請工業と農村変貌』中央大学出版部。

星勉・山崎亮一（2015）『伊那谷の地域農業システム』筑波書房。

本島和人（2021）『満洲移民・青少年義勇軍の研究』吉川弘文館。

三井逸友（1981）「地方中小電子部品メーカーの現状と生産体制の動向―長野県上伊那地区の実態調査を中心に」社団法人中小企業研究センター『電子部品工業における構造変化と80年代の生産・分業体制』調査研究報告書，No.37。

『箕輪町北小学校独立開校30周年記念誌』。

山口通之（2003）「長野県の南信三地域の戦後の工場立地とその展開からみた空間構造（一）」『信濃』55巻11号，信濃史学会。

あとがき

　最後に本研究の残された課題について述べることで締めくくりとしたい。

　第一の課題は，本研究の理論的な妥当性である。地域を限定し，時間軸を設定することで，地域と集積との関係を導くことが本研究の目的とする点の一つであった。本書では地域の設定として便宜上，行政区画を使用している。しかしながらそれが集積の範囲であるとは限らない。上伊那地域の中でもばらつきがあることが今回の調査で明らかになっている。従って集積を検討する場合，何を基準に地域＝集積の範囲を設定するのかの検討が必要であろう。また時間軸として特定の期間を設定したが，国内においてはある程度比較可能と考えられるが，国外との関係においてどこまで援用できるのか検討が必要である。

　第二の課題は，上伊那地域という限定された地域で起きた事象の分析であるという点であり，論理として一般化の可能性についてである。本書で取り上げた上伊那地域は，日本の産業構造の中において「独自性」は存在する地域であるが，「特別な地域」であるとは考えていない。今後，日本の他地域との比較をおこなうことで，より一般化した論理が導き出せると考えている。しかしながら今回は上伊那地域だけであり，今後，他地域との比較分析をおこなう必要があろう。

　第三の課題は，諏訪・上伊那地域と海外市場との関係である。本文中でも海外市場で取引をおこなう上伊那地域企業の存在を指摘したが，そのことと地域集積との関係について十分な分析をおこなうことができなかった。海外市場での取引関係構築と地域内集積の関係については今後の課題としたい。

　以上のように本研究で示した論理に関しては不十分であることは否めない。しかしながらこれまであまり焦点の当たることのなかった非大都市，いわゆる地方都市の集積で何が生じているのか，その一端でも明らかにできればと考えたのである。このことが本書でどこまで達成することができたのかは読者からの批判を乞いたいと思う。

さて筆者が中小企業研究を始めることになったのは，渡辺幸男慶應義塾大学名誉教授の研究会に入ったことがきっかけであった。その後，大学院へ進学し，当時おこなわれていたプロジェクトに同行させていただき，企業調査を間近に見たことが，筆者の研究スタイルを築いたといえる。このプロジェクトには，当時大学院生であった渋井康弘名城大学経済学部教授や，髙橋美樹慶應義塾大学商学部教授，堀潔桜美林大学経済学部教授らも参加しており，折に触れ研究に対する姿勢や企業調査に関する方法などを学ぶことができた。

　大学院進学後は渡辺教授のもとで中小企業研究について指導を受け，北原勇慶應義塾大学名誉教授に現代日本経済についての見方を教授されるとともに理論的な指導を受けた。その後，三井逸友横浜国立大学名誉教授らのもとでおこなわれた研究会では故川名和美高千穂大学経営学部教授，一般財団法人自転車振興協会のプロジェクトでは駒形哲哉慶應義塾大学経済学部教授，西岡正立命館大学経営学部教授らと幅広い視点から議論を重ねることができた。また一般財団法人機械振興協会でおこなわれた数々のプロジェクトに参加することで，中小企業のみならず日本の機械工業について学ぶ機会を得ることができた。なかでも北嶋守機械振興協会経済研究所所長代理には，企業調査の機会を数多く設けていただくとともに，企業調査をふまえ産業集積についての議論を交わすことができ，多くを学ぶことができた。

　1999年に大阪商業大学への就職が決まると，前田啓一大阪商業大学名誉教授らの研究会にお誘いいただき，池田潔大阪商業大学総合経営学部教授や太田一樹大阪商業大学総合経営学部教授らからも，適切なコメントを頂戴する機会に恵まれた。また当時大阪市立大学で教鞭をとられていた植田浩史慶應義塾大学経済学部教授から工業集積研究会へもお誘いいただき，職場のある東大阪地域の産業集積について研究する機会を得た。この研究会では，田口直樹大阪公立大学大学院経営学研究科教授や中瀬哲史大阪公立大学大学院経営学研究科教授，本多哲夫大阪公立大学商学部教授，田中幹弘慶應義塾大学経済学部教授，大田康博駒澤大学経営学部教授らとも議論することができ，前向きかつ厳しいコメントをいただくことができたことは，筆者の研究において大きな糧となっ

た。その後，田口教授から坂本清大阪経済法科大学教授（当時）が主催される生産システム研究会にもお誘いいただき，2015年調査のきっかけとなった有限会社フクロヤ家具綜合センターの唐澤氏を紹介していただくことができた。

また上伊那地域と隣接している諏訪地域については，額田春華日本女子大学家政学部准教授との共同調査がきっかけとなり，岸本太一東京理科大学経営学研究科講師，首藤総一郎長野県立大学グローバルマネジメント学部准教授らと『中小企業の空洞化適応』をまとめることができた。この研究会での議論が本書の理論的な基礎の一つとなっており，異なる観点からの指摘や前向きなコメントは，現在でも研究に対する刺激と動力源ともなっている。

筆者の勤める大阪商業大学においても，豊山宗洋大阪商業大学経済学部教授や田崎公司大阪商業大学経済学部准教授から，異なる研究視点からの貴重なコメントを頂戴することができた。また神戸大学大学院生である中原寛子氏，大阪商業大学卒業生の北野友子氏には文書のチェックやヒアリングノートの整理などをおこなっていただいた。

このように研究上の諸先輩方や研究仲間から忌憚のない意見を頂戴し，前向きな議論をおこなうことができたことは自らの研究を進めるうえで大きな要因となった。同時に，筆者の議論は先学の研究成果に多くを学ぶとともに，中小企業で働く人々の協力を得ることで作り上げられたものといえる。実際に企業運営をおこなう中で，貴重な時間を割き，調査を受け入れていただくことで本書をまとめることが可能になった。しかしながら筆者の見識不足ゆえ，誤解や理解が不十分な点があるかもしれないが，その点についてはお叱りやご教授をいただければ幸いである。

実態調査を基に研究を進めることは，受け入れていただいた多くの企業とともに諸調査研究機関の存在があってこそである。調査の機会を与えてくださった機関や企業の方々の名前を列挙することはできないが，このようにまとめることができたのは，先輩諸兄や企業の方々，大阪商業大学および各研究機関のおかげであり，心より感謝の意を表したい。

最後に，本書は「令和5年度大阪商業大学出版助成費」を受けて刊行された

ものであり，筆者に研究と教育の場を与えていただいた谷岡一郎学長をはじめとする大阪商業大学の先輩・同僚の皆様に改めて感謝を申し上げたい。また同友館の佐藤文彦氏には，本書の出版に際し大変お世話になり，心よりお礼を申し上げたい。

　最後に私ごとで恐縮ではあるが，筆者が今日まで研究をつづけることができたのは，研究者への道を進むことに理解を示してくれた，亡き父英明と今年米寿を迎える母晃子，妻みずほのおかげである。この場を借りて謝意を示すことをお許しいただきたい。

2024年3月

　　　　　　　　　　　　　　　　　　　　　　　　　　粂野　博行

索　引

あ行

赤羽孝之　140
アレンジ能力　200
池田正孝　14, 143
ウェーバー　2
営業-生産統合能力　202

か行

海外市場　165
海外生産化　15, 106, 167
加工型企業　83
上伊那地域　24
起業家精神　189
技術指導　187
技術導入　171
組立型企業　58, 67, 86
組立型企業群　41
組立型企業群の消滅　102
組立型集積　67, 149, 181, 190
クルーグマン　3
「群」としての組立型企業　62
兼業農家　155, 185
工業統計調査　19
工場移転　132
国内完結型の産業構造　15

さ行

産業空洞化　105
産業集積の縮小　106
産地型集積　181
自社製品企業　86

地場産業　135
自立化　177
諏訪・上伊那地域　107, 127
諏訪地域　22
製糸業　132
精密機械産業　137
関満博　11
専属的取引関係　143, 194
創業　159
疎開企業　133

た行

瀧澤菊太郎　7
地域外受注　125
地域経済分析システム（RESAS：リーサス）　19
地価格差　116
地方工業集積　197

な行

内製化　92
農村工業化　186, 187
農村工場　155

は行

発注側大企業の交代　119
東アジア化　15, 106, 128
フルセット型産業構造　11
プレ・アレンジ能力　195
ポーター　4

ま行

マーシャル　2
三井逸友　13, 141

ら行

類型化　16, 210

労働者の移転　116

わ行

渡辺幸男　10, 106

【著者紹介】

粂野 博行（Kumeno Hiroyuki）

大阪商業大学総合経営学部教授
1960年生まれ。
慶應義塾大学大学院経済学研究科博士課程単位取得退学，経済学修士。
大阪商業大学商経学部専任講師，大阪商業大学総合経営学部准教授を経て現職。
専門は中小企業論，地域経済論，地場産業論，工業経済論。

〈主要著書〉
駒形哲哉編著『現代日本の自転車産業と社会：新たな価値創造を目指して』（共著）同友館，2023年
岸本太一・粂野博行編『中小企業の空洞化適応』（共著）同友館，2014年
粂野博行編著『産地の変貌と人的ネットワーク』（共著）御茶の水書房，2010年
三井逸友編著『地域インキュベーションと産業集積・企業間連携』（共著）御茶の水書房，2005年
湖中齋・前田啓一・粂野博行編『多様化する中小企業ネットワーク』（共著）ナカニシヤ出版，2005年
植田浩史編著『「縮小」時代の産業集積』（共著）創風社，2004年
湖中齋・前田啓一編『産業集積の再生と中小企業』（共著）世界思想社，2003年
など

2024年3月25日　第1刷発行

地方産業集積のダイナミズム
―長野県上伊那地域を事例として―

© 著　者　粂野博行

発行者　脇坂康弘

発行所　株式会社 同友館

〒113-0033 東京都文京区本郷2-29-1
TEL.03（3813）3966
FAX.03（3818）2774
https://www.doyukan.co.jp/

落丁・乱丁本はお取り替えいたします。
ISBN 978-4-496-05706-9

三美印刷／東京美術紙工
Printed in Japan